災害援護資金の貸付制度とその立法的解決

阪神・淡路
大震災から
24年目の
復興支援

Takashi FUJIWARA
藤原　崇
衆議院議員

第一法規

巻頭言

神戸市長　**久元喜造**

阪神・淡路大震災の発生から25年が経ちました。

阪神・淡路大震災に際しては、過去に例をみない義援金が寄せられましたが、被害の甚大さから個々の世帯への配分はわずかなものになりました。また、被災者生活再建支援金の制度もなく、被災者の生活再建のための資金を手当てするには、災害援護資金貸付制度に頼らざるを得ませんでした。災害援護資金貸付けは、連帯保証人の確保と所得制限以外の審査もほとんどなかったことから、突然の災害に見舞われた方々が生活資金を確保するうえで大きな役割を果たしました。返済を完了された方からも「当時これには本当に救われた」と言われたそうです。結果的に神戸市内では、31,672人に対し、約777億円の貸付けが実施されました。

そして平成12年5月から償還がスタートし、平成17年5月に10年の償還期限が到来しました。生活困窮による少額償還が可能となり、国費返済期限の延長を国に認めていただく一方、返済の努力が続けられ、貸付けから20年で約9割近くが完済又は法令に定める免除となりました。しかし、平成27年時点で6,101人、約97億円が債務として残っていました。

そこで、神戸市は、引き続き返済に最大限の努力を傾けるとともに、平成27年2月、①生活保護受給者については保証人の資力を問わず免除し、②少額償還者について生活保護世帯と同等の生活状況の場合は自治体の判断で免除できるようにする、という要請を国に行いました。同年3月、神戸市会も「災害援護資金の返済の免除対象拡大を求める意見書」を採択して国に提出し、これを受け、同年4月、内閣府より、「償還期限から10年経過後に借受人と保証人がともに無資力であると市町村が客観的に判断できる場合には免除可能」とする旨の通知が発出されました。しかし、貸付けの原資３分の２が国費であることから「客観的な判断」の基準についての調整が難航し、結局、生活保護や破産等限られた場合に留まることとなり、少額償還継続に伴う課題の解決には至りませんでした。

歳月が流れ、貸付けを受けたみなさんが高齢化し、少額償還を長期間続けても、客観的にみて完済できない方が多数出ることは確実な状況になり、保証人への求償も問題点として浮上しました。少額償還制度の導入により、生活再建途上の被災者の生活を守りながら能力に応じた償還が可能となりましたが、高齢者や仕事が不安定など元の生活基盤が弱く、甚大な被害のために元の生活にすら戻ることができない方の未償還金が長く残ってしまうことにもなりました。これは、保証人になられた方にとって予想できなかった事情変更であり、同意のない保証期間の延長であると考えられます。保証人からの事前求償権の時効成立により、既に保証契約が破綻状況にあり、今後保証人への償還請求は困難と判断し、地方自治法の規定に基づき、平成29年9月、神戸市会で保証人への債権放棄の議決が行われました。その後も、国と何度も協議を重ね、一定の免除要件の緩和はあったものの、最終解決には至りませんでした。

事態が大きく動いたのは、平成30年暮れのことです。同年12月、山本順三防災担当大臣、関係府省幹部、国会議員各位に対し、改めて終局的解決を強くお願いしました。そして翌平成31年1月、衆議院議員の谷公一先生の呼びかけで自民党災害対策特別委員会に新たな法整備を検討するワーキンググループが立ち上げられました。具体的な解決に向けた大きな前進でした。ワーキンググループでは、関係府省を交え、貸付債権について法律で免除することの可否、完済された方との公平性や他の債権への影響など激しい議論が行われたと承知しています。それらを乗り超えて、一定の所得層等の免除を可能とした今回の法律改正は、長年の懸案であった災害援護資金貸付けに関し、終局的な解決をもたらすこととなったと考えています。このような歴史的な制度改正を議員立法により実現していただきましたことに関し、ご尽力いただいた国会議員各位をはじめ関係者のみなさまに心から御礼申し上げます。

今回、ワーキンググループで事務局長を務められ、立法化に当たって重要な役割を果たされた衆議院議員の藤原崇先生が、自治体における債権管理にも触れていただきながら、改正経緯、改正内容などを単行本としてまとめられ、発刊される運びになりましたことは、大きな意義があると感じております。藤原先生のご尽力に改めて深く感謝申し上げますとともに、災害が多発する現在において、本書が今後の被災者生活再建支援のあり方について大きな示唆を与えてくれると確信しています。

目 次

第３部　令和元年改正後の災害弔慰金法の解説

通　知

※本書に掲載した法令・通知等は、令和２年４月１日までに官報で公布された内容に基づき、令和２年10月１日施行時点の条文を掲載しています。

第1部

災害弔慰金法の概略

第1章
災害弔慰金の支給等に関する法律の概略

災害弔慰金の支給等に関する法律（制定当時の法律名は「災害弔慰金の支給及び災害援護資金の貸付けに関する法律」。以下「災害弔慰金法」という。）は、昭和 48 年に議員立法として成立した法律である。従来、風水害等の自然災害については、災害対策基本法、災害救助法をはじめ各種の法律により対策が講じられていた。しかし、自然災害により家族を失い、あるいは住居・家財を失った個人の、それら個人的被害に対する直接の救済制度は、自立再建が原則であるという考え方が中心であったため、それまで存在しなかったことから、立法化が企図された。

災害弔慰金法は主として、災害弔慰金制度、災害障害見舞金制度及び災害援護資金制度を中心として成り立っている法律である。

(1) 災害弔慰金

災害弔慰金制度は、自然災害により死亡した住民の遺族に対し、市町村が、市町村、都道府県及び国の三者の負担の下に 500 万円以内の災害弔慰金を支給するものである。

わが国はその地理的、気象的及び地形的な条件のため、毎年台風等の自然災害に見舞われ、防災対策の推進にかかわらず不幸にも多数の貴重な人命が失われている。災害弔慰金制度は、このような災害により、かけがえなのない肉親を失った遺族を救済するもので、個人救済制度の一環をなしている。

自然災害により死亡した者の遺族に対し、公的給付として災害弔慰金を支給する趣旨は、自然災害による死亡については、原因が台風、地震等の天災により不可抗力的に生じるものであり、遺族はその肉親の死について苦情のもっていきどころもなく、どこからの救いも望めないということに根拠を置くものである。

① 実施主体：市町村（特別区を含む）

② 対象災害：次のいずれかに該当する自然災害

・１市町村において住居が５世帯以上滅失した災害（当該市町村内）
・都道府県内において住居が５世帯以上滅失した市町村が３以上ある場合の災害（当該市町村がある都道府県内）
・都道府県内において災害救助法が適用された市町村が１以上ある場合の災害（当該市町村がある都道府県内）
・災害救助法が適用された市町村をその区域内に含む都道府県が２以上ある場合の災害（全都道府県）

③ 受給者：配偶者、子、父母、孫、祖父母
ただし、上記の遺族が存在しない場合は、死亡した者の死亡当時における兄弟姉妹（死亡した者の死亡当時にその者と同居し、又は生計を同じくしていた者に限る。）

④ 支給額：生計維持者が死亡した場合　500万円
その他の者が死亡した場合　250万円

⑤ 費用負担：国1/2　都道府県1/4　市町村1/4

（２）災害障害見舞金（昭和57年８月から）

災害障害見舞金制度は、自然災害により精神又は身体に重度の障害を受けた者に対して見舞金を支給する制度である。

重度の障害を受けた者はその障害の程度からみて、一般の社会経済活動に参加しようとしてもできないような状況にあるとともに日常生活も極度に制限されるなどの社会的環境に置かれているという実情を勘案して、昭和57年に「災害弔慰金の支給及び災害援護資金の貸付けに関する法律の一部を改正する法律」により創設されたものである。

① 実施主体：市町村（特別区を含む）

② 対象災害：次のいずれかに該当する自然災害

・１市町村において住居が５世帯以上滅失した災害（当該市町村内）
・都道府県内において住居が５世帯以上滅失した市町村が３以上ある場合の災害（当該市町村がある都道府県内）

- 都道府県内において災害救助法が適用された市町村が１以上ある場合の災害（当該市町村がある都道府県内）
- 災害救助法が適用された市町村をその区域内に含む都道府県が２以上ある場合の災害（全都道府県）

③ 受給者：②の災害により次のいずれかに該当する重度の障害を受けた者

障害の程度

1　両眼が失明したもの
2　咀嚼《そしゃく》及び言語の機能を廃したもの
3　神経系統の機能又は精神に著しい障害を残し、常に介護を要するもの
4　胸腹部臓器の機能に著しい障害を残し、常に介護を要するもの
5　両上肢をひじ関節以上で失ったもの
6　両上肢の用を全廃したもの
7　両下肢をひざ関節以上で失ったもの
8　両下肢の用を全廃したもの
9　精神又は身体の障害が重複する場合における当該重複する障害の程度が前各号と同程度以上と認められるもの

④ 支給額：生計維持者が死亡した場合　250 万円
　　　　　その他の者が死亡した場合　125 万円
⑤ 費用負担：国 1/2　都道府県 1/4　市町村 1/4

(3) 災害援護資金

災害援護資金制度は、自然災害により、住居や家財に被害を受けた場合及び世帯主が負傷した場合に、その世帯の立て直しを目的として災害弔慰金支給制度と並行して同時期に設けられた貸付制度である。

自然災害によって、被災地の住民は様々な被害を受けることになるが、まず、死亡、負傷という人的被害がある。また、物的な損害としては、田畑、店舗、工場といった生産のための財産や作物等の生産物の被

害、住居、家財という生活に関する財産被害がある。

このような被害に対する当面の生活の再建資金を融通する制度である。

なお、下線部は、東日本大震災に係る特例である。東日本大震災の場合には、その被害が甚大であったことに鑑み、所得制限や貸付利率、償還期限等の弾力化を図っている（94・97・176頁参照）。

① 実施主体：市町村
東日本大震災で災害救助法の適用があった都県内の市町村
（青森県、岩手県、宮城県、福島県、茨城県、栃木県、千葉県、東京都、新潟県、長野県）

② 対象災害：都道府県内で災害救助法が適用された市町村が１以上ある自然災害
東日本大震災（平成23年３月11日発生）
※長野県北部で発生した地震（平成23年３月12日発生）を含む。

③ 受給者：対象災害により、負傷又は住居・家財に被害を受けた者

④ 貸付限度額：最大350万円

i　世帯主の１か月以上の負傷	150万円	限度額250万円	限度額270万円（350）	限度額350万円
ii　家財の1/3以上の損害	150万円			
iii　住居の半壊	170万円（250）			
iv　住居の全壊	250万円（350）			
v　住居の全体が滅失若しくは流失	350万円			

（注）被災した住居を立て直す際にその住居の残存部分を取り壊さざるを得ない場合等特別の事情がある場合は（　）内の額
（注）家財には、自動車も含む。

⑤ 所得制限：世帯人員当たりの市町村民税における前年※の総所得金額

※平成21年の所得（平成23年の所得が平成21年の所得を下回る場合は平成23年の所得）

１人：220万円

２人：430万円

３人：620万円

４人：730万円

５人以上：１人増すごとに730万円に30万円を加えた金額。ただし、その世帯の住居が滅失した場合にあっては、1,270万円とする。

⑥ 利率：年３％以内で条例で定める率（据置期間中は無利子）

年０％（保証人を立てる場合）、年1.5％（保証人を立てない場合）

⑦ 償還期間及び据置期間：10年

（据置期間は３年。特別の場合は据置期間５年）

13年

（据置期間は６年。特別の場合は据置期間８年）

⑧ 償還方法：年賦、半年賦又は月賦

⑨ 貸付原資負担：国2/3　都道府県・指定都市1/3

第2章 改正経緯

　昭和48年９月、議員立法として「災害弔慰金の支給及び災害援護資金の貸付けに関する法律」（昭和48年法律第82号）が成立した。これは個人災害（災害に被災した際の個人的な被害）に対する国による支援制度として、長年にわたって論議、検討されていた。本来、個人災害は、あくまで個人的な被害であるため、個人が保険などの自助努力により対処するべきものであるという考え方が基本にあった中で、この法律は、国による個人災害救済制度として作られた、当時としては画期的な法律であった。当初の法律では、災害弔慰金制度と災害援護資金制度のみが規定されており、災害障害見舞金制度の創設は、昭和57年となっている。

　本法は、複数回の改正を経ており、その改正内容は、災害弔慰金や見舞金、災害援護資金の支給額などの引き上げが中心であるが、平成23年以降は、災害弔慰金の支給対象の拡大や、災害弔慰金の差押禁止規定の導入、災害援護資金の利率の自由化など、実体的な改正も続いている（図表１）。

　また、平成23年５月に「東日本大震災に対処するための特別の財政援助及び助成に関する法律」（平成23年5月2日法律第40号）により、災害援護資金については、東日本大震災の被災者につき、利率、据置期間及び償還期間の特例が設けられた。

　更に、令和元年、第198回国会において衆議院災害対策特別委員長提案により、災害弔慰金の支給等に関する法律の一部を改正する法律案が発議され、６月７日、「災害弔慰金の支給等に関する法律の一部を改正する法律」（令和元年法律第27号。以下「改正災害弔慰金法」という。）が公布された。これは災害援護資金の貸付けを受けた者が置かれている状況等に鑑み、償還金の支払猶予、償還免除の対象範囲の拡大、償還免除の特例、市町村における合議制の機関の設置、制度の周知徹底等について必要な措置を講じるものである。

図表１ 災害弔慰金の支給等に関する法律の沿革及び改正概要

昭和48年 9月18日	法律第82号	参法	災対特委員長提案	災害弔慰金の支給及び災害援護資金の貸付けに関する法律制定
昭和50年 1月23日	法律第1号	参法	災対特委員長提案	災害弔慰金の額の引き上げ（上限50万円→100万円） 災害援護資金の額について政令で定めるものとした（上限100万円）
昭和51年 10月26日	法律第74号	参法	災対特委員長提案	災害弔慰金の額の引き上げ（上限100万円→150万円）
昭和53年 3月31日	法律第6号	参法	災対特委員長提案	災害弔慰金の額の引き上げ（上限150万円→200万円）
昭和56年 4月10日	法律第22号	衆法	災対特委員長提案	災害弔慰金の額の引き上げ（上限200万円→300万円）
昭和57年 8月6日	法律第70号	衆法	災対特委員長提案	災害障害見舞金制度の創設
平成3年 9月26日	法律第88号	衆法	災対特委員長提案	災害弔慰金の額の引き上げ（上限300万円→500万円）☆災害障害見舞金の額の引き上げ(上限150万円→250万円)
平成23年 7月29日	法律第86号	衆法	災対特委員長提案	災害弔慰金の支給対象に兄弟姉妹を追加
平成23年 8月30日	法律第100号	参法	災対特委員長提案	災害弔慰金の差押を禁止
平成30年 6月27日	法律第66号	閣法 （第８次地方分権一括法）		災害援護資金の利率を自由化
令和元年 6月7日	法律第27号	衆法	災対特委員長提案	災害援護資金償還免除の対象範囲の拡大等

第2部

改正災害弔慰金法の
経緯について

第2部においては、令和元年に成立した改正災害弔慰金法について、その改正に至る経緯を説明する。改正災害弔慰金法の一つの目玉は、阪神・淡路大震災において貸し出された災害援護資金に関する免除規定である。個人の債務を免除する旨の規定は、いわゆる徳政令に該当し、わが国においてその先例は戦後わずか一つである。

今回、戦後2例目となる個人の債務免除規定を制定するに至った背景には、阪神・淡路大震災からの復興に伴う、災害援護資金への長期間の債権管理に対する各自治体の取り組みがあった。

こうした各自治体の取り組みは、災害援護資金に関する債権管理の先例として、ひいては、自治体の債権管理全体に関して示唆を与えるものであるので、その取り組みを以降に記していく。

第1章
阪神・淡路大震災の発生とその生活再建

(1) 阪神・淡路大震災の発生

平成7年1月17日に発生した阪神・淡路大震災は、戦後初の大規模な都市直下型地震であった。その震源地は淡路島北部であり、規模はマグニチュード7.3、最大震度7と、日本災害史においても未曽有の規模であり、神戸市、芦屋市、淡路島北部を中心に甚大な被害をもたらした。

被害は、死者6,434名、行方不明者3名、負傷者（重傷・軽傷）43,792名、住宅被害も全壊104,906棟、半壊144,274棟、一部破損390,506棟であった（消防庁調べ平成18年5月19日確定）（図表1）。

(2) 被災者の生活再建

阪神・淡路大震災の被害は甚大であったため、被災者の生活再建も困難を極めた。避難生活が長期化し、応急仮設住宅は4万5,000戸以上供給された[1]。

1　平成23年3月発災の東日本大震災では約12万戸、平成28年4月発災の熊本地震では約2万戸が供給された。

図表１ 阪神・淡路大震災の概要

日本における戦後初めての大型都市直下型地震であり、淡路、神戸、阪神間を襲い、未曾有の被害をもたらした。本災害を契機に、被災者生活再建支援法等が整備されることとなった。

災害の概要

発生年月日：平成７年１月１７日
５時46分52秒
震源地：淡路島北部
（北緯34度36分、東経135度02分）
震源の深さ：16ｋｍ
規模：マグニチュード7.3
余震：震度４の余震５回を含む有感余震回数は本震後10日間で延べ116回

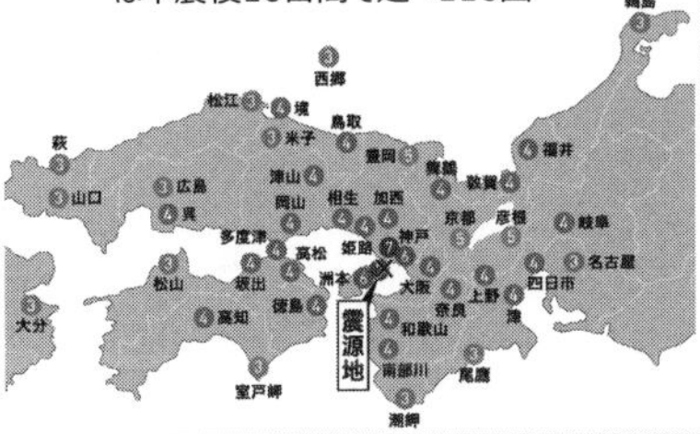

被害の概要（平成18年５月19日確定）

死亡者：6,434人
・平成７年１月から６月の間での死因は窒息・圧死が77.0%
・年齢別では65歳以上が43.7%
行方不明者：３人
負傷者：43,792人
住宅被害：639,686棟
・全壊104,906棟（186,175世帯）
・半壊144,274棟（274,182世帯）
避難者数：316,678人（兵庫県のみ）
（ピーク時：平成７年１月23日）

震度7　神戸市須磨区鷹取、長田区大橋、兵庫区大開、中央区三宮、灘区六甲道、東灘区住吉、芦屋市芦屋駅付近、西宮市夙川付近等のほぼ帯状の地域や、宝塚市の一部及び淡路島の東北部の北淡町、一宮町、津名町の一部の地域（地震発生直後に行った気象庁地震機動観測班による現地被害状況調査の結果判明）
震度6　神戸、洲本
震度5　豊岡、彦根、京都

出典：内閣府

こうした状況において、国内外からは約1,793億円の義援金が寄せられた。しかし被害世帯が多かったため、１世帯当たりの配分額は約40万円に留まることとなった[2]。

加えて、阪神・淡路大震災当時は、住宅が全壊した被災者等に金銭給付を行う被災者生活再建支援法（平成10年５月成立）（次頁参照）が存在しなかったため、被災者が生活再建の原資としてまとまった資金を入手するには、災害弔慰金法に基づく災害援護資金制度に頼るほかなかった。

このため、兵庫県、大阪府における災害援護資金の貸付件数は57,448件、貸出総額は1,326億円となった[3]（図表2）。

平成７年３月から被災市町において災害援護資金貸出しの受付けが開始されたが、関係市町においては貸出時事務やその後の債権管理において、膨大な事務負担が発生することとなった。

2　平成2年11月の雲仙・普賢岳噴火災害では、1世帯当たり約3,219万円、平成5年7月の北海道南西沖地震では１世帯当たり約2,519万円、平成16年10月の新潟県中越地震では1世帯当たり約216万円、東日本大震災の全壊1世帯当たりでは、岩手県約180万円、宮城県（津波浸水区域）約150万円、福島県約90万円が配分された。

3　なお、被災者生活再建支援法成立後に発災した東日本大震災における災害援護資金の貸付件数は、平成30年度末で29,551件、貸出総額は521億円となっている。

被災者生活再建支援制度の概要
（阪神・淡路大震災を契機として、平成 10 年 5 月に法律制定、11 月施行）

1. 制度の趣旨

自然災害によりその生活基盤に著しい被害を受けた者に対し、都道府県が相互扶助の観点から拠出した基金を活用して被災者生活再建支援金を支給することにより、その生活の再建を支援し、もって住民の生活の安定と被災地の速やかな復興に資することを目的とする。

支援法適用

国から補助
1／2
（東日本大震災分は4／5）

都道府県の相互扶助において対応
（全都道府県の拠出による基金から支援金を支給）

適用とならない災害

地方公共団体において対応を検討

2. 制度の対象となる自然災害

10世帯以上の住宅全壊被害が発生した市町村等

3. 制度の対象となる被災世帯

上記の自然災害により
① 住宅が「全壊」した世帯
② 住宅が半壊、又は住宅の敷地に被害が生じ、その住宅をやむを得ず解体した世帯
③ 災害による危険な状態が継続し、住宅に居住不能な状態が長期間継続している世帯
④ 住宅が半壊し、大規模な補修を行わなければ居住することが困難な世帯（大規模半壊世帯）

4. 支援金の支給額

（※世帯人数が1人の場合は、各該当欄の金額の3／4の額）

	基礎支援金 （住宅の被害程度）	加算支援金 （住宅の再建方法）		計
①全壊 ②解体 ③長期避難	100万円	建設・購入	200万円	300万円
		補　修	100万円	200万円
		賃　借（公営住宅を除く）	50万円	150万円
④大規模半壊	50万円	建設・購入	200万円	250万円
		補　修	100万円	150万円
		賃　借（公営住宅を除く）	50万円	100万円

制度制定当初は最大100万円（使途・所得限定あり）であったものを徐々に拡大

5. 支援金の支給申請

（申請窓口）　市町村
（申請時の添付書面）　基礎支援金：罹災証明書、住民票　等
　加算支援金：契約書（住宅の購入、賃借等）　等
（申請期間）　基礎支援金：災害発生日から13月以内
　加算支援金：災害発生日から37月以内

出典：内閣府

図表２ 主な災害における災害援護資金貸付状況（事業費ベース）

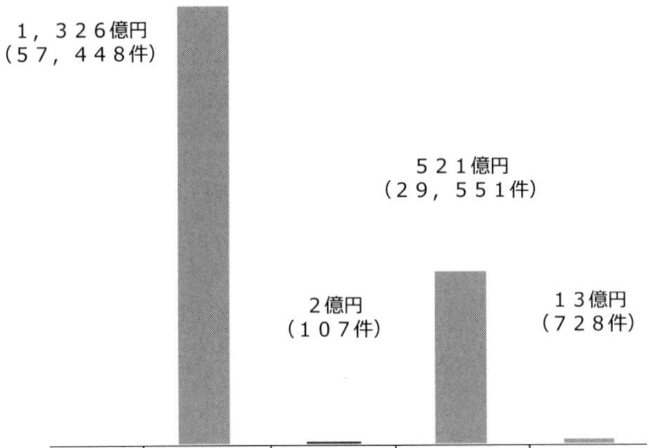

災害名	阪神・淡路大震災（H7）	新潟中越地震（H16）	東日本大震災（H23）	熊本地震（H28）
全壊家屋数	104,906棟	3,175棟	127,830棟	8,673棟
生活再建支援金額	【制度なし】	74億円	3,586億円	598億円
義援金受付額	1,793億円	374億円	4,256億円	526億円

区分	雲仙・普賢岳噴火災害	北海道南西沖地震	阪神・淡路大震災	新潟県中越地震	能登半島地震
災害発生	平成２年11月	平成５年７月	平成７年１月	平成16年10月	平成19年３月
全半壊(焼)	727棟(世帯)	1,032世帯	448,929世帯	17,277世帯	1,983世帯
義援金総額	約234億円	約260億円	約1,793億円	約372億円	約32億円
１世帯当たり	約3,219万円	約2,519万円	約40万円	約216万円	約161万円

資料出所：兵庫県「伝える 阪神・淡路大震災の教訓」

出典：内閣府

参考：仙台市における災害援護資金貸付の実務処理

処理手順

（１）　申込書の受付

市役所本庁舎窓口，各区・宮城総合支所窓口及び郵送による申込書類の受付を行う。新規申込書類と不備修正により再提出された申込書類の別を確認し，それぞれの申込順に審査する。

（２）　住基・課税台帳端末の参照

平成 23 年３月 11 日時点の申込者の世帯構成と，世帯全員の平成 21 年分所得状況の画面のハードコピーを住基・課税台帳端末から出力する。住基情報は，平成 23 年３月 11 日から現在までの画面のハードコピーを出力する。課税情報がない場合は，平成 22 年１月１日時点の住所を確認するため，その時点までさかのぼって住基情報を出力する。連帯保証人を立てる場合は，連帯保証人の現在の住基情報及び最新年度の課税(所得)情報を出力する。

（３）　データ入力

災害援護資金台帳をエクセルで作成し，データの管理を行っている。申込書の内容を災害援護資金台帳に入力しながら，添付書類の有無，希望額が限度額の範囲内であるかなどを確認する。

（4）　審査・調査

次の内容を審査し，不備がなかった場合は，貸付対象として承認する。不備がある場合は，その内容を記載した事務連絡文書と併せて申込書類を郵送で返却する。なお，返却した申込書類が再提出された場合は，前回審査した際の不備内容を確認し，不備が修正されていれば貸付対象として承認する。

ア　生活保護受給の有無

申込書の項目の記載と併せて保護係提供のデータで受給の有無の確認を行う。生活保護受給世帯であった場合は，各区の福祉事務所で発行される保護証明書が必要である。

イ　重複チェック

重複した貸付を行わないように申込人氏名，生年月日，被災住所及び保証人氏名の項目で同一のデータがないかを確認する。確認の結果，次の場合は貸付対象外又は書類を補正する必要があるため申込書類を返却する。

（ア）貸付対象外

①既申込済・貸付済で上限額まで貸付済である場合

②既申込済・貸付済の者と３月 11 日時点で同一住所である場合

③他の申込人・借受人の連帯保証人となっている場合

（イ）要書類補正

①連帯保証人にする者が，他の申込人・借受人の連帯保証人になっている場合

ウ　被災住所の状況の確認

住居被害による貸付申込みの場合は，り災証明書の添付が必要である。各区毎の「り災証明書総括表」データを参照し，証明番号から所有者を確認する。申込人が記入した内容と相違する場合は，電話確認や申込書類を返却する。

エ　申込書とデータの照合

住基・課税台帳端末にて出力したデータと申込書に記入された内容を確認する。記入漏れや不足書類があった場合は，不備の修正を依頼する。被災住所が相違している場合や所得が基準額を超えている場合は申込書類を返却する。

オ　家財の損害の状況

家財被害による貸付申込みの場合は，購入に要する費用に対して損害額が３分の１以上であることが最低条件になる。損害額が非常に大きい場合や，全損になっている場合は，電話確認や追加書類の提出を依頼し，必要に応じて現地調査を行う。

（5）　貸付承認処理

毎週貸付承認処理を行う。

ア　災害援護資金台帳で１週間分の貸付対象者のデータを抽出する。

イ　承認通知書等の書類を作成する。

ウ　簡易決裁簿で起案し，局長の決裁を受ける。

エ　貸付対象者に「承認通知書」，「事務手続きについて」，「借用書」，「交付請求書」を送付する。

（6）　融資実行処理

１週間毎に融資実行処理を行う。

ア　貸付承認者から提出された融資実行のための必要書類（借用書，交付請求書，印鑑登録証明書，通帳のコピー）の内容を確認し，災害援護資金台帳に口座情報等を入力する。

イ　１週間毎に届いた分で締め，翌週の振込者，振込総額を確定する。

ウ　振込データを作成・印刷し，口座情報等を確認する。

エ　振り込みに必要な額を会計課に依頼する。

オ　会計課に依頼した２日後，災害援護資金用の口座に，エの額が入金される。

カ　ファームバンキングシステムで，各借受人への振込処理を行う。

キ　各借受人への振込処理の翌日に銀行から振込結果一覧表を受け取り，振込不能者がいないかを確認する。振込不能者がいた場合は，次回の振り込みに回す。

ク　各借受人に「融資実行のお知らせ」，「償還計画表」等を発送する。

（7）　繰上償還

据置期間中に繰上償還の希望があった場合は，次のとおり対応する。

ア　申込人に申出書とご案内を送付する。

イ　申出書が届いたら，納付書と調定書を作成する。左記の決裁後，納付書送付案内及び納付場所一覧を添えて送付する。

ウ　全額償還の場合は，入金確認後に完済確認証の決裁を受け，借用書及び印鑑登録証明書とともに返却する。

一部償還の場合は，入金確認後に一部償還の連絡文書，残額分の償還計画表，繰上償還予定表及び繰上償還予定表の案内文書の４枚を送付する。

※繰上償還の管理は，エクセルで作成した繰上償還台帳で管理しているため，申出書受付日，償還日，償還金額を入力し，別途管理する必要がある。

（8）　申込書の受付から融資実行・償還までの流れ

（1）申込書類の受付

↓

ア　各区・宮城総合支所窓口，市役所本庁舎窓口及び郵送による申込書類の受付
イ　新規申込書類，不備修正により再提出された申込書類の別を確認

（2）住基・課税台帳端末の参照

↓

ア　申込者及び世帯全員の被災日から申込み時点までの住基情報を出力
イ　申込者及び世帯全員の平成21年分（及び23年分）課税情報を出力
ウ　連帯保証人の現在の住基情報及び最新年度の課税情報を出力

（3）データ入力

↓

ア　エクセルで作成した災害援護資金台帳に入力

（4）審　査1

↓

ア　生活保護受給の有無
イ　重複チェック（既貸付の有無，同一住所の有無，連帯保証人になっていないかなど）
ウ　り災証明データとの突合
エ　出力した住基情報と課税情報との照合
オ　家財の損害状況の確認　など

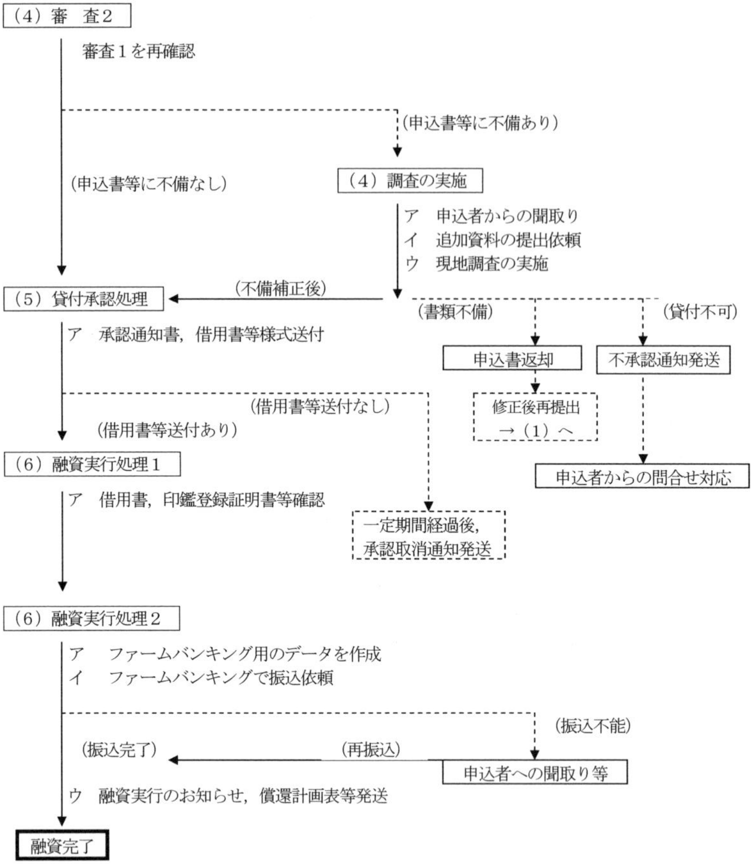

【据置期間中の処理】

（7）繰上償還

ア　借受人から繰上償還の申し出あり
イ　繰上償還申出書送付
ウ　納付書送付
エ　完済→　完済確認書，借用書，印鑑証明書返却
　　一部償還→　一部償還連絡，残額分の償還計画表等を送付

（据置期間後の処理）

現在，平成25年７月の本稼動に向け，「援護資金貸付管理システム」を構築中。
稼動後は，本システムで据置期間後の償還処理を含め，貸付承認等の諸様式をシステムから出力するほか，現況確認などの大量帳票の出力により，貸付金の管理を総合的に行っていくことになる。

出典：仙台市

第２章
災害援護資金に関する債権管理の取り組み

(1) 据置期間（平成７～11年度）の状況

災害弔慰金法が規定する災害援護資金制度には、被災者が計画的に償還できるようにするため、据置期間（償還をする義務が発生しない期間）が設けられている。この据置期間は３年が原則とされているが、被害の程度その他の事情を勘案し、内閣総理大臣（当時は厚生大臣）が特に必要と認めた場合には５年とすることができるとされている（災害弔慰金法施行令第７条第２項）。

阪神・淡路大震災においては、その被害の甚大さに鑑み、災害弔慰金法施行令第７条第２項に基づき、据置期間を一律５年とする運用がなされた。また、災害援護資金の償還は据置期間を含めて10年以内に行われる必要があることから、償還期間は、平成12年度から平成17年度までとなった。

このため、各市町は、据置期間中に償還開始に向けた準備を進めることとなった。

たとえば神戸市は、平成７年より、貸付記録のシステム化に取り組み、平成９年１月よりシステムを稼働させた。その後も後述する少額償還の開始等に応じ、システム改修を実施してきた。また、個々の借受人に対して貸付金の状況を通知するとともに、借受人・保証人の住所情報等についても、年に１度定期的な確認作業を実施した。

また、平成11年からは、現況調査を兼ねて借受人に対して繰上償還の勧奨を行った。これは、据置期間中に繰上償還をした場合、利子が発生しないため、借受人に有利であることを案内したものであるが、その結果、平成13年には神戸市の貸付総額約777億円のうち約45％に当たる351億円が繰上償還された。

繰上償還の勧奨は、借受人にとって有利であるうえに、早期の償還に効果があるため、後の行政の債権管理の負担を減らすという副次的な効果も持つ。神戸市の実例からわかるとおり、災害援護資金の債権管理においては、非常に重要な取り組みの一つと評価することができる。

更には、借受人が多数であったことから、個々の生活再建状況に応じた償還計画の策定を可能とするため、当時の災害弔慰金施行令第７条第３項で年賦又は半年賦と定められていた償還方法に関して、柔軟な対応を国に求める動きが、兵庫県下の関係市町を中心にあがった。その後の国と兵庫県、大阪府、そして国から原資の貸付けを受けている神戸市、大阪市との協議の結果、平成12年５月には、災害援護資金の償還について、少額償還方式の利用が合意された。

少額償還方式とは、まず、当時の災害弔慰金法施行令第11条（現災害弔慰金法第13条）に基づく支払猶予を行い、利子や違約金の発生を停止させたうえで、未償還者の資力状況に応じて柔軟な償還額を定める方式である。その具体的な償還額は、貸付市町村との協議によって定める任意の額となる。阪神・淡路大震災の場合には、月額1,000円以上の任意の額で設定された。少額償還方式の利用は、資力に乏しい借受人からも償還を受けるという点で、借受人間の公平性に資するものであった。また、借受人が少額の償還を継続していることで、保証人への償還請求を抑えられるという利点もあった。しかしその反面、本来10年とされている償還期間内の償還が事実上不可能となり、関係市町に長期の債権管理を強いる側面もあった。

しかし、実際問題、資力が乏しい借受人らからも、長期間にわたり償還を受け続けていたという事情が、関係市町の長年の回収努力という形で、有力な立法事実になったことを踏まえると、関係市町の取り組みは、間違いではなかったと考えられる。

コラム

神戸市民の良識を信じて

●三木孝（元神戸市保健福祉局長）

災害援護資金の話を初めて聞いたのは、政府の現地対策本部に厚生省の課長補佐が赴任された3月初めで、遅まきながら避難所での被災市民に対する食事・物資の供給等の支援体制が整い、仮設住宅も地域型を含めた整備が進み、入居者への鍵渡しも始まっていた頃でした。当時、30万人を超える被災市民への給付事業は、被災1週間後の大混乱の中で金融機関の支援も頂き実施した兵庫県社会福祉協議会の生活福祉資金特別貸付と、罹災証明書発行開始とともに実施しました義援金支給でしたが、生活基盤を失った被災市民の方々は役所の窓口に殺到し、中には大声での苦情もあり、保育所職員も動員して何とか乗り切りながらも、生活支援制度がないことに対する批判も高まっていた時期でした。

350万円を限度として被災市民に貸し付ける災害援護資金制度は、都道府県が国からの借入れと起債を原資に貸付金を調達し市町村が貸し付ける仕組みで、神戸市は政令市特例により原資の3分の2を直接国から借り入れ、3分の1は市債により調達し、かつ未償還分は自治体負担となることの説明を受けました。当時の状況から、少なくとも3分の1は未償還になると想定され、厚生省との協議では仮に3万件、1,000億円を貸付けした場合、神戸市の負担は300億円を超え、震災で破綻状況にあった神戸市財政に更なるダメージになるとの懸念も出されていました。ただ、政府は被災者の生活再建優先で早急に実施する方針を兵庫県･神戸市に伝えたので、神戸市では、「神戸市民の良識を信じて」補正予算を市会で提案し、3月24日より受付けを開始したのでした。

厚生省が示した制度の概要は、「負傷又は住居・家財に被害を受けた方を対象に、連帯保証人を必須として利子3％、据置期間が5年でその間無利子、償還期間はそれも含めて10年」というものでしたが、当初から混乱していたのが連帯保証人の役割でした。法律には、借受人が死亡すると償還免除との文言があるため、借りた本人が死亡した場合は連帯保証人も含めて債務が免除される、との説明を受けて連帯保証人を引き受けた人も多かったのです。仮設住宅への入居も始まった時期でもあり、生活再建に向けた資金需要も高く、「担保も不要で、死亡した場合償還不要になる」との認識があった災害援護資金への関心は高まり、受付窓口となった市民福祉交流センターには電話も含め1日1,000件を超える問合せが殺到し、連帯保証人も含めて書類を整えるにも時間がかかるために、受付け最終日の4月30日になっても800件を超える相談が寄せられる状況となりました。

こうして、生活福祉資金特別貸付の約半数に及ぶ23,607件の申請を受け付けました。資格確認等の審査業務も膨大で、他都市の応援も受けながら、データ入力や帳票作成等民間事業者への業務委託も進めましたが、貸付決定には多大な時間を要しました。受付け終了直後から市会議員も含めて再開の要望も多かったのですが、2次の受付けを開始できたのは10月2日で、10月末で締め切った2次受付けは11,442件となり、1次も含めた最終の貸付決定件数は31,672件・貸付額は776億9,220万円でした。

災害援護資金の業務は、当時の民生局災害対策本部給付班で実施していましたが、同時に社会福祉協議会の災害援護資金貸付けや義援金の2次配分、さらには、災害弔慰金の震災関連死の判定等、膨大な業務を抱えて市民の苦情や批判も多く、他の自治体からの応援職員も疲弊する厳しい業務を日々続け、平成8年度、被災者支援を一元化して実施する生活再建本部に移管されました。

(2) 償還期間（平成12～16年度）と平成18年４月の履行延期決定までの状況

少額償還を認めたことから、関係市町は、償還期間の延長を前提に債権管理を実施した。

神戸市では、銀行OB等を「償還指導員」として延べ150名程度雇用し、民間のノウハウを活用し、債権回収に努めた。また、平成14年からは、借受人が無資力なケースについて、保証人への請求を開始した。更に平成15年からは、当時の災害弔慰金法施行令第10条（現災害弔慰金法施行令第９条）が規定する違約金の活用や、民事上の法的対応について検討を開始した。その結果、平成16年度から平成26年度にかけ、支払督促579件、訴訟提起573件、即決和解４件の法的措置を実施し、強制執行についても給与債権の差押えを中心に延べ1,210件の申立てを行い、司法手続も利用した形で債権回収の取り組みを行っていた（図表３）。

神戸市における償還指導員の業務内容

1　債権回収に向けた活動
- ○ 電話による入金指導（オートコール・有人コールのフォロー、コールバックへの対応等）
- ○ 訪問による入金指導（架電に応答しない、電話がない滞納者への対応等）
- ○ 手紙による入金指導（電話・訪問により連絡がとれない滞納者への対応等）

2　少額償還・猶予手続の案内、指導活動
- ○ 少額償還・猶予手続の新規及び更新に当たり、制度説明、申請書の記入方法、審査のために必要な資料についての説明・提出の依頼
- ○ 償還月額につき、少額償還の更新時における増額交渉や生活状況に応じた減額の協議・指導

3　法的措置に向けた調査活動
- ○ 法的措置の検討段階における対象者の状況調査：住民票・戸籍・登記簿調査、所得調査、居住・生活状況調査（現地確認、郵便物の不着確認、水道契約確認、マンション管理会社等への居住確認）、勤務先調査等
- ○ 法的措置決定者に係る調査：付郵便調査、公示送達のための調査等

4　債務名義取得後の協議、調査活動
- ○ 分割償還の申し出に対し、申出書の記入方法、審査のために必要な資料についての説明・提出の依頼
- ○ 分割償還協議後の償還指導と滞納が続く場合の強制執行に向けての調査・手続

5　借受人・保証人の行方不明等における各種調査
- ○ 郵便不着・電話不通が発生した場合、住民票照会のうえ現地調査と調査結果に応じた手続

○ 住民票調査（3か月ごとに実施）により新住所が判明した場合、新住所の現地調査と調査結果に応じた手続
○ 市外住所で訪問不可能な場合には、調査会社に対し実地調査の依頼

6 借受人・保証人の死亡時における各種調査・免除手続の指導
○ 相続調査を行い、相続人が判明すれば、相続人との償還協議
○ 免除要件を満たす場合には、制度説明、申請書の記入方法、審査のために必要な資料についての説明・提出の依頼
○ 相続人が相続放棄の手続を行う場合の制度案内

7 その他
○ 債務者の状況確認のため、必要に応じ、福祉事務所ケースワーカー、民生委員、あんしんすこやか窓口、住宅管理者、水道管理者、社会福祉協議会等の機関との連絡調整

出典：神戸市

しかし、こうした努力にもかかわらず、平成17年３月末の神戸市における償還率[4]は約73％に留まり、未償還額は約344億円に上るという状況であった。そのため、関係市町から国及び兵庫県等に対する借入金の償還期間が到来する平成18年以降、関係市町の財政に過重な負担が生じるおそれがあった。

図表３ 阪神・淡路大震災の災害援護資金にかかる法的措置の実態（神戸市）

法的措置による対応

◎ 返済期限である平成17年度末の未償還債権数
10，778件

◎ 平成18年度以降の法的措置の実施(9年間)
未償還10，778件に対して、573件の訴訟提起　[約20件に1件で訴訟提起]

[法的措置の実施状況]

返済期限

年度	15	16	17	18	19	20	21	22	23	24	25	26	合計
民事訴訟法による支払督促		43	149	133	117	34	0	27	12	24	28	12	579
即決和解								4					4
訴訟				13	22	53	197	129	59	47	38	15	573
(訴訟のうち公示送達)						(31)	(139)	(58)	(21)	(3)	(5)	(1)	(258)
強制執行		27	57	169	84	139	82	214	129	109	157	43	1,210

保証人への訴訟実績　20.4％ ≒ 117件／573件

出典：神戸市

4　ここでいう償還率には、当時の災害弔慰金法第13条第１項が定める死亡・重度障害による免除が実施された額を、既償還額に含めている。

市町村と借受人及び保証人との関係においては、当時の災害弔慰金法施行令第 11 条（現災害弔慰金法第 13 条）に基づく支払猶予を行うことにより、償還期限を先延ばしにすることが可能であった。

一方、市町村から借受人に対して交付される災害援護資金の原資は、指定都市を除き、その全額を都道府県が貸し付けることとなる（災害弔慰金法第 11 条第１項）。そして国は、災害援護資金の原資を貸し付けた都道府県に対し、貸し付ける額の３分の２の額を貸し付けることとなる（災害弔慰金法第 12 条第１項）。この国と都道府県からの貸付金は、借受人からの償還の有無にかかわらず、11 年目に市町村から都道府県に、翌 12 年目に都道府県から国に、全額の償還を行う必要があった（災害弔慰金法第 11 条第２項、第 12 条第２項）。なお、指定都市の場合には、貸出原資の３分の１は指定都市負担のうえで、３分の２について、国から直接貸付けを受けることとなり、11 年目に、借受人の償還の有無にかかわらず、その貸付金の全額を国に償還することとなる（災害弔慰金法第 15 条、同施行令第 13 条）。すなわち、法令の規定に従えば、市町村は、借受人からいまだ償還されていない金銭についても、国に償還を行うことが求められていた。

しかし、阪神・淡路大震災の復興過程にあった関係市町は、未償還者や保証人等の未償還分を含めての負担を行い、都道府県や国に償還することが困難な状況にあった。そのため、関係市町は、貸付金に関する償還期限の延長を求めることとなった。具体的には、国と都道府県又は指定都市との関係においては、国の債権の管理等に関する法律（以下「債権管理法」という。）第 24 条第１項第６号の規定について、指定都市以外の市町村と都道府県との関係においては、地方自治法施行令第 171 条の６第１項第５号の規定の適用を求めていた。この問題は、国会においても議論の俎上に載っていた[5]。

5　平成17年２月25日の衆議院予算委員会第五分科会において、谷公一衆議院議員が尾辻秀久厚生労働大臣（当時）に対し、「借り受け者から市町に償還される、そういう実績に応じて行くようなことをぜひ前向きに検討していただきたい」との質問に対し、尾辻厚生労働大臣は「神戸市や兵庫県の御事情を踏まえまして、現在、どのような対応が可能であるかについて、関係省庁との間で協議を行っておるところでございます」と答弁した。

履行期限に関する規定

○国の債権の管理等に関する法律（昭和31年法律第114号）（抄）

（履行延期の特約等をすることができる場合）

第24条　歳入徴収官等は、その所掌に属する債権（国税徴収又は国税滞納処分の例によつて徴収する債権その他政令で定める債権を除く。）について、他の法律に基く場合のほか、次の各号の一に該当する場合に限り、政令で定めるところにより、その履行期限を延長する特約又は処分をすることができる。この場合において、当該債権の金額を適宜分割して履行期限を定めることを妨げない。

一　債務者が無資力又はこれに近い状態にあるとき。

二　債務者が当該債務の全部を一時に履行することが困難であり、かつ、その現に有する資産の状況により、履行期限を延長することが徴収上有利であると認められるとき。

三　債務者について災害、盗難その他の事故が生じたことにより、債務者が当該債務の全部を一時に履行することが困難であるため、履行期限を延長することがやむを得ないと認められるとき。

四　契約に基く債権について、債務者が当該債務の全部を一時に履行することが困難であり、かつ、所定の履行期限によることが公益上著しい支障を及ぼすこととなるおそれがあるとき。

五　損害賠償金又は不当利得による返還金に係る債権について、債務者が当該債務の全部を一時に履行することが困難であり、かつ、弁済につき特に誠意を有すると認められるとき。

六　貸付金に係る債権について、債務者が当該貸付金の使途に従つて第三者に貸付を行つた場合において、当該第三者に対する貸付金に関し、第一号から第四号までの一に該当する理由があることその他特別の事情により、当該第三者に対する貸付金の回収が著しく困難であるため、当該債務者がその債務の全部を一時に履行することが困難であるとき。

2　歳入徴収官等は、履行期限後においても、前項の規定により履行期限を延長する特約又は処分（以下「履行延期の特約等」という。）をすることができる。この場合においては、既に発生した延滞金（履行の遅滞に係る損害賠償金その他の徴収金をいう。以下同じ。）に係る債権は、徴収すべきものとする。

3　歳入徴収官等は、その所掌に属する債権で分割して弁済させることとなつているものにつき履行延期の特約等をする場合において、特に必要があると認めるときは、政令で定めるところにより、当該履行期限後に弁済することとなつている金額に係る履行期限をもあわせて延長することとすることができる。

※下線は筆者

○地方自治法施行令（昭和22年政令第16号）（抄）

（履行延期の特約等）

第171条の6　普通地方公共団体の長は、債権（強制徴収により徴収する債権を除く。）について、次の各号の一に該当する場合においては、その履行期限を延長する特約又は処分をすることができる。この場合において、当該債権の金額を適宜分割して履行期限を定めることを妨げない。

一　債務者が無資力又はこれに近い状態にあるとき。

二　債務者が当該債務の全部を一時に履行することが困難であり、かつ、その現に有する資産の状況により、履行期限を延長することが徴収上有利であると認められるとき。

三　債務者について災害、盗難その他の事故が生じたことにより、債務者が当該債務の全部を一時に履行することが困難であるため、履行期限を延長することがやむを得ないと認められるとき。

四　損害賠償金又は不当利得による返還金に係る債権について、債務者が当該債務の全部を一時に履行することが困難であり、かつ、弁済につき特に誠意を有すると認められるとき。

五　貸付金に係る債権について、債務者が当該貸付金の使途に従つて第三者に貸付けを行なつた場合において、当該第三者に対する貸付金に関し、第一号から第三号までの一に該当する理由があることその他特別の事情により、当該第三者に対する貸付金の回収が著しく困難であるため、当該債務者がその債務の全部を一時に履行することが困難であるとき。

2　普通地方公共団体の長は、履行期限後においても、前項の規定により履行期限を延長する特約又は処分をすることができる。この場合においては、既に発生した履行の遅滞に係る損害賠償金その他の徴収金（次条において「損害賠償金等」という。）に係る債権は、徴収すべきものとする。

※下線は筆者

こうした状況や兵庫県下を中心とした与党議員の働きかけ等を受け、当時、災害弔慰金法を所管していた厚生労働省は財務省との協議を経たうえで、平成18年1月に災害弔慰金法施行令の改正に伴い、原始附則の改正を行った。その結果、災害援護資金について、市町村又は都道府県が履行期限延長の特約等を行った場合は、これに連動して都道府県又は国が履行期限の延長特約等を行うことができること等が制度上明確となった（災害弔慰金法施行令附則第2項及び第3項）。

その後、平成18年4月から、国が都道府県及び指定都市に対して有する債権については債権管理法第24条第1項に基づき、都道府県が市町村に対して有する債権については地方自治法施行令第171条の6第1項第5号に基づき、そして、市町が未償還者に対して有する債権については、当時の災害弔慰金法施行令第11条第1項に基づき、各々の償還金の支払猶予が開始された（第1次償還期限延長）。

なお、第1次償還期限延長の延長期間は、関係市町に適切な債権管理事務を執行させる観点から、5年間とされた。これは、阪神・淡路大震災に係る災害援護資金の償還期間が5年間であったことを踏まえ、未償還者にとって確実な償還計画が立てられるように、という考えに基づくものである。この関係市町と未償還者の履行期限が５年間延長されたことに伴い、関係市町と都道府県、国との間の貸付金に関する償還期限も、順次５年間延長されることとなった。

コラム

進まない被災市民の生活再建と厳しい償還事務

●三木孝（元神戸市保健福祉局長）

阪神・淡路大震災での災害援護資金には、利子も含め５年間据置きの特例がありましたので、その間に仮設住宅から復興住宅、あるいは大きな被害のなかった地域への転居等、自身の生活の再建に合わせた移転が進むこと、また、据置期間内に生活が好転すれば全額償還するケースもあることから、貸付けの検討当初より、借受人の住所や償還状況を把握するシステムの整備が必要と考えておりました。貸付直後の平成７年４月からシステム整備の準備を始め、平成12年の据置期間終了時に向けて改修を重ね、平成12年度から本格稼働しました。

ただ、予想どおり、借り受けた被災市民の方々の多くの生活再建の歩みは遅々として進まず、５年間の据置期間内での償還は全体の10％に過ぎませんでした。当初から曖昧だった借受人が死亡した場合の免除規定も実際にはなかなか適用されず、民法の規定どおり相続人又は連帯保証人に債務返済義務が生じるとの厚生省の指導を受けました。平成９年１月の疑義照会では、「借受人・連帯保証人ともに死亡し、借受人の相続人が相続放棄した場合、連帯保証人の相続人が債務を負う」との原則が国から示され、自治体の条例に基づく判断に委ねるとしながらも、法律上に規定がない場合は国及び県の貸付金は免除されず、また、借受人が破産した場合も同様に、国の債権は免除されない、とされました。

生活基盤の再建が進まない借受人の償還は困難を極め、償還できない場合には連帯保証人からの取り立ても必要になったことから、平成11年９月、被災者の切実な声を踏まえ、神戸市会から「生活再建途上にある市民を守るため、生活実態に応じた柔軟な償還方法の検討や連帯保証人への配慮について」の要望が神戸市長あてに出されました。市内及び県下の市民団体からも同様の請願や要望が出され、平成12年２月に神戸市から厚生省保護課長に要望するとともに、償還方法についても神戸市独自の判断で月賦償還を実施することとしました。

厚生省は、据置期間終了前の平成12年3月、「この貸付けは市町村と借受人との契約で基本的な条件の変更は認めず、貸し倒れリスクも事業主体の市町村が負うべき」としたうえで、円滑な償還に全力を挙げるため月賦償還を認めるとともに、少額償還者には違約金は課さず柔軟に対応する方針を伝えてきました。最終的に直前の5月には、借受人の生活実態に応じた少額償還制度を認めました。しかし、平成17年度末に到来する自治体から国への償還期限に関する協議は時期尚早とし、これを延長するためには市町村の更なる徴収努力が必要との判断を示して、市町村に償還指導員を配置する償還促進事業の支援財源を確保しました。

神戸市でも平成12年9月より、償還指導員や事務スタッフを配置し借受人等の個別の実情に応じたきめ細かな対応を可能にする最大30名の調査・相談体制を整備し、さらにはシステム変更等の補正予算を計上して、「災害援護資金償還促進事業」を開始しました。平成12年8月末時点では、全貸付数の30%に当たる9,590件が全部繰上償還見込み、既に3,988件が月割償還、113件が少額償還となっていましたが、残る17,981件のうち2,989件は借受人が生活保護や破産等の償還困難者でした。

神戸市では、借受人に対して、無利子期間内には積極的に繰上償還を案内し、償還方法の確認や口座振替推進をはじめ、滞納者への督促を実施するため初期滞納者への電話催告システムを導入するとともに、民間金融機関での債権管理事務経験者を償還指導員として積極的に雇用しました。彼らのノウハウも生かし、訪問調査や職員では実施困難な相続調査等を実施するとともに、未償還者の実態を把握するための生活実態の調査も行い、少額償還者全件を把握するカルテも作成しました。

高齢者のみの世帯の借受人には生活保護とのボーダーラインの資力の方も多かったのですが、所得が高いにもかかわらず未償還のケースには法的措置実施に係る検討委員会を組織し、途中から弁護士も加わりました。ただ、調査権もない中で差押え可能な資産把握も難しく、暴力団対応や詐欺事件等の案件も抱えて償還事務は困難を極めました。平成14年12月からは保証人の請求も開始しましたが、厚生労働省との協議で、当初は保証人への請求は、借受人が破産や行方不明で請求できない場合とされました。

法的措置については、平成16年度からの累計で、民事訴訟法による支払督促が579件、訴訟提起573件、即決和解4件、民事執行法による強制執行1,210件の延べ合計2,366件になりますが、一方で平成29年度までの投入職員数は延べ約520名、人件費も含めた債権管理コストは約43億円となり、本来は債権管理コストとして充てるべき利子収入25億円を大幅に上回りました。

このように厳しい償還事務を行っても被災市民の生活状況も厳しく、平成18年5月から到来する国からの貸付金償還期限を前に、平成15年夏時点で少額償還者も含めた未回収見込みは200億円に上り、このままでは神戸市の立替償還による負担が必要になることから、国への返還期限延長の要望を始めました。災害弔慰金法及び同施行令では、借受人に対する市町村の支払猶予規定があるのみで、市町村が支払猶予した場合の市町村から国への償還に関する規定はありませんでしたが、「国の債権の管理等に関する法律」並びに「地方自治法施行令」には債権者が第三者への貸付けを行った場合の履行期限の延長の規定があることから、兵庫県の発案により、地元の国会議員に対し、両法のみなし適用の規定を求める要望を兵庫県とともに頻繁に行いました。特に期限を迎える平成17年度には毎月上京し、兵庫県関係の与党国会議員の会を結成していただき、勉強会で償還状況を説明したうえで、一緒になって厚生労働省並びに財務省への要望活動を繰り返してまいりました。

最終的に平成17年10月末に政令改正の方向がまとまり、自治体による更なる償還努力を前提に、阪神・淡路大震災に限定して災害弔慰金法施行令第11条第1項の規定により自治体が借受人等に対して支払猶予を行った場合、地方自治法施行令並びに債権管理法の履行延期の特約等に該当するものとみなす施行令の改正が行われました。この施行令改正に合わせて、平成18年1月、支払猶予の要件である「やむを得ない理由があるとき」には「経済的困窮の状態や行方不明も含まれる」とする厚生労働省からの事務連絡が発出されました。

(3) 平成27年4月の無資力免除通知発出までの状況

第1次償還期限延長後、未償還者の中で多数を占めていた少額償還者に関しては、継続して償還を受けることが重要であった。そのため、関係市町は、未償還者との償還相談を行うなど積極的に接触の機会を設けた。また、月々の償還が滞る等、償還が難しくなっている未償還者に対しては、直接居宅を訪問して償還指導を行うなど、償還継続に向けた取り組みを行った。一方で、資力があるにもかかわらず償還に応じない悪質なケース等は納付誓約書を取るなど、償還の確実性を高める努力を行った。

行方不明者や、少額償還に応じない接触困難者に対しては、親族や過去の勤務先等の調査を行ったほか、必要に応じて、時効中断のための法的措置を行うなどの回収努力を行った。また、生活保護者のうち、年金収入や就労収入が確認できる者については、ケースワーカーと連携のうえ、災害援護資金の償還に充てられる部分について収入認定除外を行い、少しでも償還が行われるように、取り組んできた。

しかし、第1次償還期限延長後の期限間近である平成21年度末においても、神戸市の償還率は約83.4％に留まり、未償還額の規模は大きく改善されなかった。更に、関係市町では、阪神・淡路大震災関連復興事業などに伴い多額の地方債を発行していたうえに、少子高齢化の進行により、福祉関係経費の支出も増加する傾向にあった。こうした中、関係市町は財務状況改善のため、職員削減等の行財政改革に取り組んだが、財政力指数、経常収支比率、実質公債費比率などの財政指標は芳しくない状況が続いていた。

そのような状況下において、平成23年、24年には、災害援護資金の原資に係る国・府県の貸付金についての最終償還期限が予定されていた。しかし、残債について国・府県に対して一括償還を行う場合、関係市町財政への悪影響と、それに伴う行政サービスの低下により生じる市民生活への影響が依然として想定されたため、関係市町は再度の償還期限の延長を国に要望するようになった。

この要望を受け、厚生労働省は、平成23年4月に、第1次償還期限延長の際と同様のスキームで、未償還者と市町間の償還期限を更に3年間、再延長することとした。再延長期間が3年間とされたのは、1年目には現在の未償還者を対象として、臨戸訪問により現況確認を行い、償還能力を把握し償還計画を見直す、2年目には償還計画の見直しが必要と判断される債権について、月償還額の増額変更交渉を実施する、3年目には資力があるにもかかわらず交渉に応じない未償還者に対し法的措置を行う、という考え方に基づくものであった。しかし、その後の償還も思うように進まなかったため、平成26年4月、平成29年4月と2度にわたり、更に3年間ずつ償還期限の延長がなされてきた。

後から振り返ると、既にこの時点において、通常の回収取り組みで回収できる分については、その大半を回収し尽くしており、関係市町としては、少額償還による金額の積み上がりを待つほかない状況にあったと思われる。

この間、平成23年3月11日には東日本大震災が発生した。それを受けて、東日本大震災に対処するための特別の財政援助及び助成に関する法律第103条により、東日本大震災における災害援護資金の貸出しについては、保証人がある場合には無利子、保証人がいない場合には利率を1.5%とする特例が導入された。

また、東日本大震災を踏まえた法制上の課題に対応するため、防災行政の統合化等を盛り込んだ災害対策基本法等の一部を改正する法律が平成25年6月に成立し、平成25年10月には災害弔慰金法の所管官庁が厚生労働省から内閣府に移管された。

一方、債権管理法第32条第2項には、国と都道府県及び指定都市間の債権関係に関して、地方自治法施行令第171条の7第1項には、市町村と未償還者間の債権関係に関して、同第2項には、都道府県と市町村間の債権関係に関して、それぞれ無資力免除の規定（以下、一括して「無資力免除規定」と呼ぶことがある。）が定められていたことから、無資力免除規定が適用されることとなる平成27年4月以降を見据えて、兵庫県や神戸市等の関係市町は、無資力免除規定の適用に当たっては関係市町の判断に委ねるべきとの声を上げた。

こうした中、平成 27 年４月に、内閣府は無資力免除規定が定める無資力免除の考え方について、兵庫県や神戸市等に対して通知を発出した。

コラム

震災後20年　事業終息に向けて－無資力免除前夜－

●三木孝（元神戸市保健福祉局長）

平成 25 年 12 月、保健福祉局長に任命され、初仕事となる東京での国家予算要望のため 16 年ぶりに担当課長から災害援護資金の現況を聞きました。驚いたのは貸付金総額 777 億円のうち既に 86％の 670 億円が償還済みであったことです。貸付開始前、少なくとも３分の１は償還できず神戸市財政に多大な損失を与えるとの予想が、借り受けた被災市民の良識と生活再建の努力により見事に覆っていたのです。ただ、記憶にあった「借受人が死亡したときの免除」の規定は適用されておらず、償還残額 107 億円のうち 77 億円が返済困難な借受人等による最低月 1,000 円の少額償還であり、かつ滞納した場合には法的措置も含めた償還業務が 10 年以上続けられていました。特に、貸付時の混乱で説明も十分聞かないままに善意で同意した保証人にも厳しく取り立てる話を聞き、絶句しました。

平成 25 年 10 月には災害関連の事務は災害援護資金業務も含め内閣府に移管されていました。東日本大震災による貸付けでは、有利子の場合に保証人不要とされ、さらに償還免除要件として、災害弔慰金法で従来定める「借受人が死亡又は重度障害」に加え「支払期日到来 10 年経過後無資力に近い状態かつ支払い見込みがないこと」が追加されたことで、阪神・淡路大震災にも適用を求める要望が市会をはじめ各種団体からも出されていた時期でした。

翌年に震災 20 年を迎える平成 26 年には、市長からいつまでも厳しい償還事務を続けるのではなく、国に相談して早期に終息させるようにとの指示がありました。平成 26 年度で償還指導事業交付金も終了し、早期の償還事務終息に向けて、生活保護基準に準じた無資力免除の具体案を作成し内閣府と協議を始めました。

この協議で最大の課題となったのが未償還額のうち７割を占める「少額償還者」の取扱いでした。平成 26 年３月末での少額償還者 4,837 人の生活実態を調べますと平均未償還額は149万円で、平均所得は約91万円、75%が所得200万円以下、月平均償還額6,500円、平均年齢は63歳と、高齢化も進み生活に困窮する実態が浮かび上がりました。国の債権について規定する債権管理法第32条第2項では「国が第三者に貸し付けた債権の免除要件」は（イ）無資力又はこれに近い状態であること、（ロ）将来も弁済できる見込みがないこと、とされますが、少額償還者は生活実態から（イ）に該当しても、現に一部でも弁済しているのであれば（ロ）には該当しない、というのが内閣府の見解でした。また、少額償還者のうち保証人が802人で、東日本大震災では保証人が任意であったことから保証人債権の除外も求めましたが、保証人が無資力と認定される場合を除き困難であるとされました。

平成27年1月、生活保護世帯や破産等の無資力案件への免除要件の拡大案が提示されましたが、2月に市長が上京し「1.生活保護受給者に関しては、保証人の資力調査は困難であり、保証人の状況を問うことなく免除、2.少額償還者のうち生活保護と同等の方については、本人の償還猶予の申し出を受け、自治体の判断で『事情の変化により弁済ができなくなった場合』として免除の対象とする」の2点を、地元選出で震災当時に経済産業省で復興事業として医療産業都市構想も担当された西村康稔内閣府副大臣に強く要望し、「このままでは神戸市の負担額が大きく、事務も継続できない」と再考を求めました。

このような要望活動は2月から始まった神戸市会本会議でも取り上げられ、3月には全会派一致で「少額償還者に関しては自治体の判断で返済免除の対象とすることができるようにすること」、「借受人が無資力状態であれば保証人の返済能力に関わらず返済免除できるようにすること」とした意見書が国に対して出されました。

平成27年4月22日、内閣府から新たな免除制度の取扱いに関する通知が発出されました。この通知では、「償還期限から10年経過後になお、債務者（借受人及び保証人）が無資力又はこれに近い状態にあり、現に償還できない場合」に「当該債務者が将来にわたっても債務を弁済することかできることとなる見込みがない」と「市町村が客観的に判断できる」とされ、自治体の判断がかなり幅広く認められた画期的な内容でした。自治体で責任を持って客観的に判断するため、神戸市では借受人及び保証人の資力調査を迅速に実施するとともに、当分の間、償還中の方への請求を留保しました。兵庫県主導で関係市統一の判定基準を作成し、公表したうえで資力調査を進めていましたが、通知から半年後の10月に内閣府から厳しい見解が示されたため、業務を一時停止し、兵庫県と他関係市からは統一の判定基準を認めるよう要望が出されました。

神戸市は単独で内閣府と事務レベルで合意できる判定基準に関する協議を進め、平成27年12月には市長より松本文明内閣府副大臣に自治体判断による免除決定を改めて要望しました。内閣府に示した基準に基づき、平成28年1月から償還免除の決定事務を進め、平成29年1月末までに3,720人、60.6億円の免除決定を行い、残債務は2,144人、33.9億円となりました。

(4) 平成30年12月の無資力免除業務の本格的始動までの状況

無資力免除規定の概要は、当初の償還期限から10年が経過し、なお債務者が無資力で、かつ、弁済を受けることができる見込みがない場合に、債務の免除を可能とする内容である。

無資力免除に関する規定

○**国の債権の管理等に関する法律**（昭和31年法律第114号）（抄）

（免除）

第32条　歳入徴収官等は、債務者が無資力又はこれに近い状態にあるため履行延期の特約等（和解、調停又は労働審判（労働審判法第20条の規定による労働審判をいう。第38条第3項において同じ。）によつてする履行期限の延長で当該履行延期の特約等に準ずるものを含む。以下この条において同じ。）をした債権について、当初の履行期限（当初の履行期限後に履行延期の特約等をした場合は、最初に履行延期の特約等をした日）から10年を経過した後において、なお債務者が無資力又はこれに近い状態にあり、かつ、弁済することができることとなる見込みがないと認められる場合には、当該債権並びにこれに係る延滞金及び利息を免除することができる。

2　前項の規定は、第24条第1項第六号に掲げる理由により履行延期の特約等をした貸付金に係る債権で、同号に規定する第三者が無資力又はこれに近い状態にあることに基いて当該履行延期の特約等をしたものについて準用する。この場合における免除については、債務者が当該第三者に対する貸付金について免除をすることを条件としなければならない。

3　歳入徴収官等は、履行延期の特約等をした債権につき延納利息（第26条第1項本文の規定による利息をいう。以下同じ。）を附した場合において、債務者が当該債権の金額の全部に相当する金額をその延長された履行期限内に弁済したときは、当該債権及び延納利息については、債務者の資力の状況によりやむを得ない事情があると認められる場合に限り、当該延納利息の全部又は一部に相当する金額を免除することができる。

※下線は筆者

○**地方自治法施行令**（昭和22年政令第16号）（抄）

（免除）

第171条の7　普通地方公共団体の長は、前条の規定により債務者が無資力又はこれに近い状態にあるため履行延期の特約又は処分をした債権について、当初の履行期限（当初の履行期限後に履行延期の特約又は処分をした場合は、最初に履行延期の特約又は処分をした日）から10年を経過した後において、なお、債務者が無資力又はこれに近い状態にあり、かつ、弁済することができる見込みがないと認められるときは、当該債権及びこれに係る損害賠償金等を免除することができる。

2　前項の規定は、前条第1項第五号に掲げる理由により履行延期の特約をした貸付金に係る債権で、同号に規定する第三者が無資力又はこれに近い状態にあることに基づいて当該履行延期の特約をしたものについて準用する。この場合における免除については、債務者が当該第三者に対する貸付金について免除することを条件としなければならない。

3　前2項の免除をする場合については、普通地方公共団体の議会の議決は、これを要しない。

※下線は筆者

平成27年4月に、内閣府は無資力免除規定の解釈について、関係市町に通知を発出したが、その内容について、国と関係市町間で見解の相違が発生した。

国は、債権管理法第32条第1項が規定する「無資力又はこれに近い状態にあり、かつ、弁済することができることとなる見込みがないと認められる場合」については、個別具体の事例に即して判断すべきものであるが、①破産免責を受けている事案等や②生活保護法による扶助を受けている場合等で、現に償還ができていない事案、③少額償還を行っている事案が、「無資力又はこれに近い状態」に該当するとしたうえで、その内、①と②は「弁済することができることとなる見込みがないと認められる場合」に該当するが、③については、未償還者（又は相続人）の収入の状況や年齢、家族の状況などに鑑み、将来的に債権の弁済が期待できないと、客観的に判断できる場合には該当し得るとの見解を示した。そしてその認定のためには、免除対象者に対する実地での資産調査が必要であり、不動産に限らず現金、預金、動産等についても行い、雇用主、税務署等に確認するとともに年金も調査すべき、という見解であった。

一方、関係市町は、阪神・淡路大震災の災害援護資金は、貸付開始から既に20年以上経過していたことから、厳格な調査は困難であり、少額償還者に関する「弁済することができることとなる見込みがないと認められる場合」の内容やその認定方法については関係市町に委ねるべきであるという立場であった。すなわち、貸出しから長期間が経過したことにより、残っている未償還者の大半は、低収入の償還困難者や、災害援護資金債務を引き継いだ相続人、借受人の死亡や無資力等により、債務を肩代わりしている保証人や、その相続人、更には行方不明者であり、厳格な調査が困難か、調査を実施したとしても新たな資産の発見の望みが薄い状況にあった。

また、当然のことながら災害援護資金の債務や保証債務は相続対象になるため、時間の経過とともに災害援護資金債務に関する法的関係者が増加傾向であったり、災害弔慰金法には法律上の調査権限が規定されておらず、関係市町における一定以上の対応が困難であったという事情も、関係市町における現実の調査の実施を困難にしていた要素であった。

更には、そもそも無資力免除に関する国の見解は、対象者を破産者を含む生活保護水準にある者を基本としていたため、関係市町は無資力免除の範囲が狭く、行方不明者も含め、債権免除ができるよう求めていた。

この後も、国からは何通かの事務通知が発出されるが、無資力免除に関する基本的な考え方は、平成27年通知から異なることはなかった。平成27年通知は、国や自治体の債権管理に関する一般法である債権管理法の規定についての解釈を示したものであり、災害援護資金に留まらず、他分野への波及効果が大きいために、いたずらに緩めた解釈を示すことはできないという事情もあった。しかしながら、そのような解釈では、元々、資力が乏しい被災者に対して大量に貸し付ける災害援護資金の後始末に対応ができないというのが実情であった。

そのような中、債権管理の長期化に対応した結果、神戸市は債権回収コストが増大していた。災害援護資金は、被災者のうち一定所得以下の者を対象としている。そのため、実際の回収可能性は低く、コストに見合わない状況に陥っていた[6]。

そのため神戸市は、平成27年通知を受け、当分の間、未償還者に対する償還請求を見合わせることとし、未償還者の資力状況調査を実施した。その資力状況調査を踏まえ、平成28年1月より、「(地方税の対象となる) 総所得－公租公課＜150万円」であり、資産として「充当可能な預貯金6万円未満」である案件[7]について地方自治法施行令第171条の7第1項に基づく無資力免除を決定し、平成29年6月まで3,885件、約63億円分の債権を免除した。

しかし、それでもなお、神戸市の未償還件数は1,957件であり、その未償還者のうち借受人の約6割が60歳以上、保証人の約4割が60歳以上と高齢化が進んでいたうえに、本人ではない相続人等が支払いを行っている件数も、借受人の約9.8%、保証人の約10.8%に達している状況であった。

また、貸出しから20年以上経過してもなお、保証人やその相続人は債務を請求され得る地位にあり、その法的地位は不安定であった。

貸出しから長期間が経過しているため、回収業務が困難となる一方、通常の私債権と異なり、国などの貸付金との関係があるために、自治体独自の判断による債権放棄が簡単には実行できないことが、災害援護資金の問題を複雑にした一因でもあった。そのため、神戸市は、平成29年9月には地方自治法第96条第1項第十号に基づき、市議会における全会一致の議決を経て、保証債権の全てを放棄した。これは、①災害援護資金の償還方法として少額償還制度を導入したことにより、法的には当然の帰結ではあったが、保証人の事実上の同意なく法的な負担を負う期間を延長したこと、②平成27年4月の内閣府通知に基づいて、借受人を無資力と判断した場合には、保証債務について支払猶予は行わず、保証人に償還請求を行っていたことなどが考え方の背景にあった。

6　平成29年度段階で、神戸市の債権管理コストは約43億円だったのに対し、災害援護資金の利子収入は約25億円という状況であった。

7　所得水準の「150万円」は、未償還者の平均年齢である64歳の神戸市における生活保護扶助費を参考にした金額である。また、「充当可能な預貯金6万円未満」は、生活保護受給開始決定を受ける段階で、最低生活費（64歳単身の最低生活費が12万円）の5割までの預貯金の保有しか認めていないことを踏まえてのものと考えられる。

しかし、この保証債権の放棄と平成28年1月以降の債務免除は、平成27年4月に内閣府が発出した通知の範囲外であったため、債権管理法第32条第2項の解釈問題、つまり、国が神戸市に貸し付けた貸出原資の扱いについて整理がされておらず、課題として残った。

神戸市議会の債権放棄に係る議案

第52号議案

権利の放棄の件

次のとおり権利を放棄する。

平成29年8月30日提出

神戸市長　久　元　喜　造

阪神・淡路大震災により被害を受けた世帯の市民である世帯主に対し神戸市災害弔慰金の支給等に関する条例（昭和49年3月条例第57号）第11条第1項の規定により本市が貸付けを行った総件数が31,672件で総額が77,692,200,000円の災害援護資金（以下「本件貸付金」という。）に関し，少額償還制度の導入による償還期間の延長等の経緯に鑑み，次に掲げる債権を放棄する。

内容	総額
本件貸付金のうち全部又は一部が未償還のものに係る保証債権（1,957件）	3,088,039,648円
本件貸付金について平成29年6月30日までに生じた利息に係る保証債権（1,957件）	216,480,201円

理　由

権利を放棄するに当たり，地方自治法（昭和22年法律第67号）第96条第1項第10号の規定により，議会の議決を経る必要があるため。

出典：神戸市

議会議決による債権放棄を認める地方自治法の規定

○**地方自治法**（昭和22年法律第67号）（抄）

第96条　普通地方公共団体の議会は、次に掲げる事件を議決しなければならない。

一～九　略

十　法律若しくはこれに基づく政令又は条例に特別の定めがある場合を除くほか、権利を放棄すること。

十一～十五　略

2　略

※下線は筆者

コラム

保証債権放棄の選択

●三木孝（元神戸市保健福祉局長）

国の通知により免除決定した債権の保証人の状況を調査しますと、平成29年1月末で免除決定した3,720件のうち、保証人も「無資力」の場合が6割、生活保護や破産等の場合が2割強でした。一方、免除決定されていない2,144件のうち、資力がある場合や死亡・不明などが1,410件に上りました。少額償還制度では、借受人の生活実態に応じた少額償還の申し出と同時に時効が中断し、債権の返済期限が延長されることとなりますが、新しい免除要件に関する国の通知では、借受人が無資力と認定されても保証人に資力のある場合には保証人に償還請求する必要があります。少額償還制度導入時には、返済が滞った場合にも極力保証人への転嫁は避けるようにとの方針が示されていました。しかし、今回の通知に基づき借受人を無資力と判定した場合、保証人の立場からすると、同意もなく返済期間が延長されたうえに契約時には示されていなかった借受人への免除要件拡大で保証リスクが格段に高まることとなることから、保証人に償還請求することは事実上困難と判断しました。

このような場合、事実上毀損した保証債権として、地方自治法においては、債権管理の適正化の観点から市議会の議決による債権放棄が認められると考えました。

平成29年4月に市長は松本純内閣府特命担当大臣と面談し、阪神・淡路大震災の災害援護資金の保証契約について、先に述べたように保証人の同意なしに返済期間を延長していること、東日本大震災では保証人が必須でないことから、自治体の判断で保証契約の解除ができるよう認めていただきたいと要望しました。この日は地元国会議員の先生方にも保証債権放棄の要望を説明し、翌5月には財務省と内閣府にも保証人への債権放棄に関し説明する機会を頂戴して、神戸市として保証債権放棄の議案を提出する予定であることを説明し、9月、市会に議案を上程しました。保証債権は1,957件、未償還金30億880万円、利子2億1,600万円に上りましたが、公平性の観点から既に保証人が完済した件数917件、保証人が少額償還している件数715人との数字を説明したうえで、各議員の理解を求めた結果、全会一致で可決されました。

神戸市が未償還者救済の観点から、独自の判断で免除業務を進める一方、国や府県から関係市町への貸出原資の扱いが定まっていないことから、他市町では免除業務が停滞しているところもあり、市町間の対応にばらつきが生じ始めた。

内閣府は、平成27年4月通知発出後も関係市町との協議を継続的に実施し、平成30年7月から関係市町における債権管理の状況について調査を行った。そしてその結果を踏まえ、無資力免除規定が定める無資力の内容を明確にするため、平成30年11月から12月にかけて３通の事務連絡を発出し、借受人・保証人の双方が生活保護受給者又は破産・民事再生者の場合、借受人が生活保護受給者又は破産・民事再生者で保証人も償還することができない場合には、債権管理法第32条第２項の無資力に該当することを明確化し、国の貸付金の償還免除を申請するよう依頼した（40～43頁参照）。

阪神･淡路大震災に係る災害援護資金債権の免除について（内閣府事務連絡）

事　務　連　絡
平成30年11月26日

大阪府・兵庫県・大阪市・神戸市
災害援護資金主管部（局）長　殿

内閣府政策統括官（防災担当）付参事官（被災者行政担当）

阪神・淡路大震災に係る災害援護貸付金債権の免除について

平成7年1月17日に発生した阪神・淡路大震災の災害援護資金の管理については、「阪神・淡路大震災に係る災害援護貸付金債権の調査について（平成30年7月27日付府政防第953号）」に基づき調査（以下、「平成30年調査」という。）を実施したところである。

その結果を踏まえ、国の債権管理等に関する法律（昭和31年法律114号。以下「債管法」という。）第32条に基づく免除として、下記のとおり債管法第38条第1項第4号の規定による申請をすることを依頼する。

記

1．免除対象

平成30年調査の対象債権のうち、債管法第32条に基づき、履行延期の特約等をした債権で、当初の履行期限から10年を経過し、「無資力又はこれに近い状態」にある状況として、借受人及びその保証人が生活保護法（昭和25年法律第144号）第2条に基づく保護を受給していることとしており、かつ、弁済することが出来ることとなる見込みがないと認められる債権

2．申請方法

府県及び政令市は、別添に以下の添付書類、平成30年調査回答書類、その他歳入徴収官が必要と認める資料を添えて歳入徴収官へ提出すること。（歳入徴収官は、前記の申請を受け、提出された内容を審査し、適切であると判断した場合は、内閣府債権管理事務取扱細則（平成13年1月6日内閣府訓令第37号）第3号書式に、別添写し及び以下の添付書類を添えて内閣総理大臣へ提出すること。）

3．添付書類

（1）経過書（債権発生の時から申請の時（歳入徴収官等の業務又は資力調査を含む。）までの経過）
（2）債権又はその担保に係る事項を立証すべき書類の写し
（3）当該債権の歳入決議書及び納入告知書の写し
（4）債権管理簿の当該債権に係る部分の写し

以上

（以下略）

事　務　連　絡
平成 30 年 12 月 7 日

大阪府・兵庫県・大阪市・神戸市
災害援護資金主管部（局）長　殿

内閣府政策統括官（防災担当）付参事官（被災者行政担当）

阪神・淡路大震災に係る災害援護貸付金債権の免除について（その２）

平成７年１月 17 日に発生した阪神・淡路大震災の災害援護資金の管理については、「阪神・淡路大震災に係る災害援護貸付金債権の調査について（平成 30 年 7 月 27 日付府政防第 953 号）」に基づき調査（以下、「平成 30 年調査」という。）を実施したところである。

その結果を踏まえ、国の債権管理等に関する法律（昭和 31 年法律 114 号。以下「債管法」という。）第 32 条に基づく免除として、平成 30 年 11 月 26 日付事務連絡したところであるが、これに加え、下記のとおり債管法第 38 条第１項第４号の規定による申請をすることを依頼する。

記

１．免除対象

平成 30 年調査の対象債権のうち、債管法第 32 条に基づき、履行延期の特約等をした債権で、当初の履行期限から 10 年を経過し、「無資力又はこれに近い状態」にある状況として、破産法（平成 16 年法律第 75 号）第 253 条第１項または民事再生法（平成 11 年法律 225 号）第 178 条第１項の規定により当該債権につきその責任を免れたこととしており、かつ、弁済することが出来ることとなる見込みがないと認められる債権

２．申請方法

府県及び政令市は、別添に以下の添付書類、平成 30 年調査回答書類、その他歳入徴収官が必要と認める資料を添えて歳入徴収官へ提出すること。（歳入徴収官は、前記の申請を受け、提出された内容を審査し、適切であると判断した場合は、内閣府債権管理事務取扱細則（平成 13 年１月６日内閣府訓令第 37 号）第３号書式に、別添写し及び以下の添付書類を添えて内閣総理大臣へ提出すること。）

３．添付書類

（１）経過書（債権発生の時から申請の時（歳入徴収官等の業務又は資力調査を含む。）までの経過）
（２）債権又はその担保に係る事項を立証すべき書類の写し
（３）当該債権の歳入決議書及び納入告知書の写し
（４）債権管理簿の当該債権に係る部分の写し

４．債管法第 24 条による履行延期特約についての考え方についての補足

当初の履行延期特約が債管法第 24 条第１項第１号「無資力又はこれに近い状態にあるとき」もしくは同条同項第２号「履行期限を延長することが徴収上有利であると認められるとき」のいずれに該当するのかについては、現存する資料、経済的な理由により少額償還をしていたという事実、当時の担当者からの聴き取り等に基づき、市町村において適切に判断するものとする。

なお、こうした判断により、平成 30 年調査において「確認できない」とした債権で同法第 24 条第１項第１号に該当することにより、平成 30 年 11 月 26 日付事務連絡及び本事務連絡における免除対象とされた債権を免除する場合は、上記３の添付書類に加え、市町村長が適切に判断した旨を証明する文書を添付すること。

以上

（以下略）

事　務　連　絡
平成30年12月21日

大阪府・兵庫県・大阪市・神戸市
災害援護資金主管部（局）長　殿

内閣府政策統括官（防災担当）付参事官（被災者行政担当）

阪神・淡路大震災に係る災害援護貸付金債権の免除について（その3）

平成7年1月17日に発生した阪神・淡路大震災の災害援護資金の管理については、「阪神・淡路大震災にかかる災害援護貸付金の調査について（平成30年7月27日付府政防第953号）」に基づき調査（以下「平成30年調査」という。）を実施したところである。

その結果を踏まえ、国の債権管理等に関する法律（昭和31年法律第114号。以下「債管法」という。）第32条に基づく免除として、平成30年11月26日付事務連絡及び平成30年12月7日付事務連絡したところである。

今般、これら債管法第32条に基づく免除に加え、災害弔慰金の支給等に関する法律（昭和48年法律第82号。以下「弔慰金法」という。）第13条第1項ただし書及び災害弔慰金の支給等に関する法律施行令（昭和48年政令第374号。以下「弔慰金法施行令」という。）第12条に係る免除要件の解釈を、下記のとおり示すこととする。

なお、本事務連絡に基づく免除の申請に当たっては、申請手続の合理化を図るため、債管法第38条第1項第4号の規定に準じて申請をすることを依頼する。

記

1．免除対象

平成30年11月26日付事務連絡及び平成30年12月7日付事務連絡において、平成30年調査の対象債権のうち、債管法第32条に基づき、履行期限の特約等をした債権で、当初の履行期限から10年を経過し、「無資力又はこれに近い状態」にある状況として、

① 借受人及びその保証人が生活保護法（昭和25年法律第144号）第2条に基づく保護を受給していることとしており、かつ、弁済することができることとなる見込みがないと認められる債権

② 借受人及びその保証人が破産法（平成 16 年法律第 75 号）第 253 条第１項または民事再生法（平成 11 年法律第 225 号）第 178 条第１項の規定により当該債権につきその責任を免れたこととしており、かつ、弁済することができることとなる見込みがないと認められる債権

について、債管法第 38 条第１項第４号の規定による申請を依頼したところであるが、これらに加え、借受人が①又は②の場合であって、その保証人に対する債権については、弔慰金法第 13 条第１項ただし書及び弔慰金法施行令第 12 条の解釈として、保証人が償還未済額を償還することができないと認められる場合も免除することができるものとする。

また、弔慰金法施行令第 12 条における「保証人が当該災害援護資金の償還未済額を償還することができると認め」られない場合については、「災害弔慰金の支給等に関する法律施行令の一部を改正する政令の施行にかかる運用について（平成 18 年１月５日事務連絡）」において、「保証人が破産、死亡又は行方不明の場合」が考えられることを既に示していることに留意されたい。

なお、現に市町村が債務者に対して償還免除していない債権に関しては、平成 30 年 11 月 26 日付事務連絡、平成 30 年 12 月７日付事務連絡及び本事務連絡に倣って市町村が免除した場合においても免除対象になるものである。この場合、弔慰金法の災害援護資金制度は、市町村の条例の定めるところにより実施されるものであることから、職権免除の実施等に当たっては、条例、条例施行規則の改正等について必要な場合もあり得ることに留意されたい。

２．申請方法

府県及び政令市は、別添に以下の添付書類、平成 30 年調査回答書類、その他歳入徴収官が必要と認める資料を添えて歳入徴収官へ提出すること。（歳入徴収官は、前記の申請を受け、提出された内容を審査し、適切であると判断した場合は、内閣府債権管理事務取扱細則（平成 13 年１月６日内閣府訓令第 37 号）第３号書式に、別添写し及び以下の添付書類を添えて内閣総理大臣へ提出すること。）

３．添付書類

（１）経過書（債権発生の時から申請の時（歳入徴収官等の業務又は資力調査を含む。）までの経過）
（２）債権又はその担保に係る事項を立証すべき書類の写し
（３）当該債権の歳入決議書及び納入告知書の写し
（４）債権管理簿の当該債権に係る部分の写し

（以下略）

これにより、関係市町における無資力免除業務は正常化したが、内閣府の示した基準であっても、約123億円分（国庫貸付金は約82億円）が未償還額として残存する可能性があった。にもかかわらず、既存の法制度の下では、国及び府県からの貸付金については地元負担の下、いつかは返還を行わなければならず、未償還金についても、返還の可能性が乏しい中、いたずらにコストを掛けたうえで、更に長期の債権管理が強いられる状況が続くことが懸念された（図表4・5）。

国及び県、関係市町は、それぞれ現行法の範囲内において、あらゆる手段を講じたところであるが、これ以上の対応は、困難となってしまった。

そのため、免除業務を先行実施してきた神戸市は、平成30年12月に、未償還者の高齢化等の状況を踏まえ、国及び府県の貸出原資の扱いも含めた終局的解決を図るため、阪神・淡路大震災における災害援護資金について新たな法的枠組みの整備を行うよう、次のように関係各所に要望した。

図表4 阪神・淡路大震災に対する災害援護資金の償還について

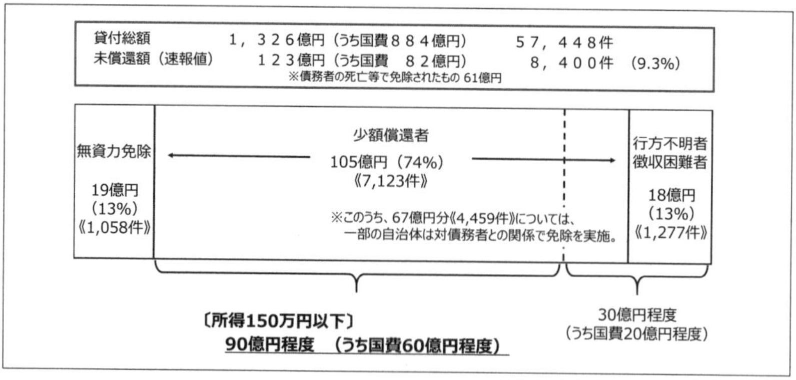

出典：内閣府

図表５ 阪神・淡路大震災における災害援護貸付金の償還状況（平成 30 年３月 31 日現在）

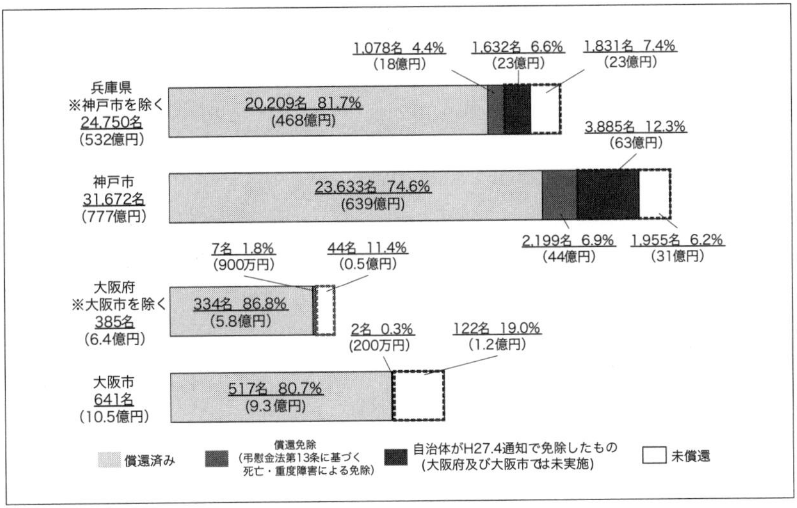

出典：内閣府

国への神戸市の要望（平成 30 年 12 月 10 日）

BE KOBE

阪神・淡路大震災における災害援護資金について

未曾有の被害をもたらした阪神・淡路大震災時には、生活再建支援法が制定されておらず、多くの被災者が災害援護資金により生活再建を図ることとなりましたが、期限内の返済が難しく、これまで４度にわたり履行期限が延長されました。神戸市としては、この間、滞納者への法的措置などにより最大限の債権回収の努力を行ってきた一方、無資力のため回収困難な債権も残ることとなりました。

こうした状況を踏まえ、平成27年4月に「無資力」要件による償還免除についての通知が出され、その後の調整を経て、現在、生活保護受給者などの無資力者について国の債権免除の手続きも開始されたところです。

しかし、行方不明や国外転出等徴収困難となった場合の法律上の規定がないなど、20 年を超える債権管理で解決し難い課題が生じています。

また、本市においては平成29年9月に市会の議決を経てすべての保証債権の放棄を決定しましたが、国の債権は免除されておりません。

以上、借受人の高齢化等の状況に鑑みても、問題のこれ以上の先送りは許されず、終局的解決を加速するため、阪神・淡路大震災における災害援護資金にかかる以下の点において、新たな法的枠組みの整備につき、格別の　ご配慮を賜りますようお願い申しあげます。

1 無資力免除の具体的な認定方法について自治体に委ねるとともに、自治体が免除した場合、連動して国の債権が免除されることを明確にすること。

2 行方不明者や徴収困難者に対する免除制度を法定し、自治体が認定した場合、連動して国の債権も免除されることを明確にすること。

3 保証人について、自治体が議会の議決を経て保証債権を放棄した場合、連動して国の債権が免除されることを明確にすること。

出典：神戸市

コラム

新しい法的枠組みを求めて

●三木孝（元神戸市保健福祉局長）

内閣府にはこれまで何度も要望と協議を重ね、非常に前向きに取り組んでいただき、債権管理法の無資力免除の要件が明確となるなど、一定の前進がありましたが、終局的解決には至りませんでした。

これまで返済された方との公平性等の観点から、内閣府として踏み込んだ制度を設計するのが困難なことは理解していました。しかし、被災者生活再建支援法が制定されていない当時、藁にも縋る思いで災害援護資金を借り入れた方々が生活再建もままならないまま高齢化し、自治体は20年を超える債権管理で事務執行の限界に達していました。これ以上の問題の先送りは許されず、新たな法的枠組みの整備で決着をつけてほしいとの願いから、改めて平成30年12月10日に久元市長は要望活動を行ったのです。

ここでは、主に３点、すなわち、①無資力免除の具体的な認定方法について自治体に委ねるとともに、自治体が免除した場合に国の債権が免除されること、②行方不明者や徴収困難者に対する免除制度の法定と自治体が認定した場合に国の債権も免除されること、③保証人に対する債権について、自治体が議会の議決を経て放棄した場合に国の債権が免除されること、を求めました。

内閣府では山本順三特命担当大臣をはじめ副大臣、政務官、事務次官、財務省では主計局局長及び次長、更に、西村康稔官房副長官や県内の与党関係者にも直接神戸市の切なる訴えを聞いていただきました。皆様からは、市の債権回収努力へのねぎらいの言葉とともに、巨額の免除という大きな課題、それを解決するための議員立法の検討などのお話がありました。

この要望活動が直結したかどうかはわかりませんが、２か月も経たないうちに、自民党災害対策特別委員会に「阪神・淡路大震災の災害援護資金償還に関するＷＧ」を立ち上げていただき、２月８日の第２回の役員会では、兵庫県の健康福祉部社会福祉局長とともに当方の実情を説明する機会を与えていただきました。また、同日、公明党でも「阪神・淡路大震災の災害援護資金償還に関するＰＴ」が設置され、同様に説明の場を設けていただきました。

阪神・淡路大震災当時に当該部局で仕事をしながら、何の準備もないまま、未曽有の大震災に見舞われ、人命や生活基盤を一瞬にして失った多くの市民に対して何ら有意義な貢献もできなかったとの思いを持つ当時の神戸市職員の無念の思いを込めて、被災発生当時から現在に至る神戸市の事業状況を説明させていただきました。その後の議員各位と関係省庁の皆様方の多大なご努力のお陰で法改正が議員提案により提出され、可決成立に至った今日、災害援護資金を利用したものの今も厳しい生活を送る市民に対して、少しの貢献はできたのではとの思いを持っています。

第3章
国会による立法的解決

(1) 与党の動き

神戸市からの要請を受け、自民党内の災害対策特別委員会の下に、阪神・淡路大震災の災害援護資金償還に関するWG（座長：谷公一衆議院議員、事務局長：藤原崇衆議院議員（著者））を設置し、平成31年1月以降3月にかけて議論を積み重ねた。

災害対策特別委員会 阪神・淡路大震災の災害援護資金償還に関するWGの設置について（平成31年1月29日）

1 目的

未曽有の被害をもたらした阪神・淡路大震災時（平成7年）には、生活再建支援法が制定されておらず、多くの被災者が災害援護資金（貸付限度額350万円）により生活再建を図ることとなったが、履行期限10年内での返済が難しく、これまで4度にわたり期限が延長された。この間、関係地方自治体では、滞納者への法的措置などにより最大限の債権回収の努力を行ってきた一方、無資力のため回収困難な債権も残ることとなった。

今なお、貸付総額1,326億円（57,448件）のうち142億円（9,458件）が未償還（平成30年3月末現在）となっている状況を踏まえ、この問題の終局的な解決策を検討するためにWGを設置するものである。

2 進め方

関係地方自治体における債権管理の現状、現行制度による免除の考え方等を幅広く聴取した上で、必要に応じ、新たな法的枠組みも含めて検討する。

出典：自民党WG資料

災害対策特別委員会 阪神・淡路大震災の災害援護資金償還に関するWG役員名簿（平成31年1月29日）

顧問：平野達男・坂本哲志
座長：谷公一
幹事：盛山正仁・土井亨・関芳弘・松本洋平・山田賢司・藤井比早之・村井英樹・末松信介・馬場成志
事務局長：藤原崇

出典：自民党WG資料

具体的な検討は以下のように行われた。

阪神・淡路大震災の災害援護資金関係の議員立法の働き

自民党災害対策特別委員会 WG（全7回開催　座長　谷公一議員　事務局長　著者）

第1回（1月29日）議題：阪神・淡路大震災に関する災害援護資金の償還について
第2回（2月8日）　議題：地方自治体からのヒアリング
第3回（2月14日）議題：①カネミ油症特例法について農林水産省よりヒアリング
②論点整理について
第4回（2月21日）議題：①調査権について
②所得水準等の基準について
③その他の論点について
第5回（2月28日）議題：①調査権について
②所得水準等の基準について

自民党災害対策特別委員会（委員長　今村雅弘議員、事務局長　坂本哲志議員）
3月6日開催（WG 中間報告）
議題：阪神・淡路大震災に関する災害援護資金の償還について

第6回（3月14日）議題：阪神・淡路大震災に関する災害援護資金の償還について
第7回（3月20日）議題：災害弔慰金の支給等に関する法律の一部を改正する法律要綱案について

自民党災害対策特別委員会・内閣第一部会合同会議（3月26日）
議題：災害弔慰金の支給等に関する法律の一部を改正する法律要綱案について

公明党阪神・淡路大震災の災害援護資金償還に関する PT
（全5回開催　座長　赤羽一嘉議員　事務局長　中野洋昌議員）

第1回（2月8日）　議題：地方自治体からのヒアリング
第2回（2月15日）議題：災害援護貸付に関する論点整理について党内論議
第3回（2月21日）議題：阪神・淡路大震災の災害援護資金問題解決に向けた論点整理について
第4回（3月1日）　議題：阪神・淡路大震災の災害援護資金問題解決に向けた論点整理について
第5回（3月20日）議題：阪神・淡路大震災の災害援護資金問題解決に向けた論点整理について

公明党阪神・淡路大震災の災害援護資金償還に関する PT・復興・防災部会合同会議
（3月26日）
議題：災害弔慰金の支給等に関する法律の一部を改正する法律要綱（案）について

出典：内閣府

阪神・淡路大震災の災害援護資金償還に関する WG では、阪神・淡路大震災の際の災害援護資金の現状・問題点を整理し、類似の公的融資の状況を確認するとともに、兵庫県・神戸市からもヒアリングを実施した。

兵庫県からのヒアリングでは、兵庫県下の災害援護資金の貸付け及び返済状況やその属性、特に、60歳以上の未償還者の割合については、借受人及び保証人本人、そして借受人の相続人で6割以上、保証人の相続人で5割以上という現状や、債権管理の長期化や複雑化により、債権管理コストが増大している例について、西宮市の例を挙げて報告がなされた。

また、神戸市のヒアリングにおいては、債権管理コストの増大についての経緯や、資力調査によって判明した未償還者の資力や年齢の内訳、神戸市独自の判断による免除や放棄の経緯などについて、報告された（図表６）。

また、国の債務の免除を立法により実施した唯一の先例である、カネミ油症事件関係仮払金返還債権の免除についての特例に関する法律の施行状況について、農林水産省から説明を聴取した。その中では、カネミ油症事件の特殊性から、比較的広い年収及び資産基準を設定することで救済の実を上げようとしたが、債権管理法上の「無資力」とみなすことは、国民の理解を得難いため、債務者の高齢化などの要因を踏まえて、新法によって仮払金債務を免除する基準を設けることとした経緯や、他の事例に波及をさせないように注意深く検討を行ったことなどについて、報告がなされた。

そうした中で、阪神・淡路大震災の災害援護資金償還に関するWGにおける論点としては、

図表６ 阪神・淡路大震災における神戸市の災害援護資金の債権管理コスト

〔年間コストと累積コスト（概算）〕

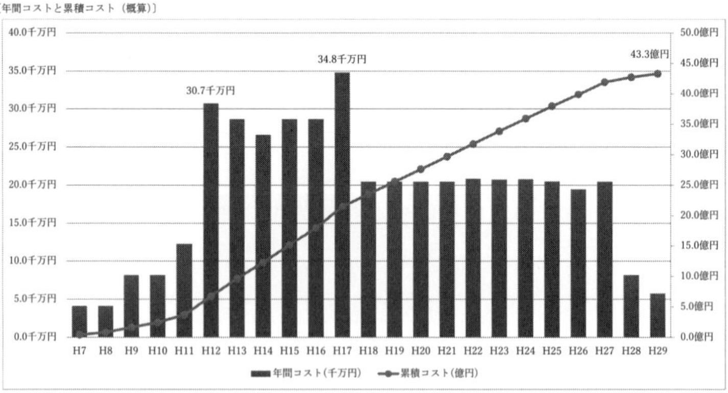

〔職員数の推移〕

（年度）	7	8	9	10	11	12	13	14	15	16	17	18～27	28	29	30
正規	2	2	3	3	5	14	13	12	13	13	16	9	4	3	2
非正規						30	13	13	13	18	31	18～22	5	5	2

出典：神戸市

① 現行法以上の範囲で貸付金の免除を行うことは、いわゆる徳政令に該当し、戦後の先例は、カネミ油症事件に関する特別立法しかないが、そのような徳政令を行うことが、社会的に許容され得るのか、

② 仮に許容され得るとして、どのような基準を設定することが国や自治体や既償還者、そして一般国民にとって納得感を得られるのか、

③ 債務免除を行うとした場合、その立法は、阪神・淡路大震災に関する特例立法によるべきか、災害弔慰金法の改正によるべきか、

④ 現在、災害援護資金の償還が始まりつつある東日本大震災における償還業務に、事実上の悪影響を与えないよう、どのような配慮が必要か、

⑤ 災害援護資金制度全般について、一定の手直しが必要ではないか、

という点が、主な議題となった。

このうち、①については、大部分の償還者は既に返還済みであるが、現在残っている未償還者の多数は資産に乏しい高齢の少額償還者であり、当時は被災者生活再建支援法が存在せず、義援金の配分額が極端に少なかったことを考えれば、②で議論となる基準を適切に設定することにより、既償還者及び一般国民の理解は十分に得られるという結論に達した。また、回収見込みが立たないまま、行政にいたずらに債権管理コストを強いるという不合理さも、その結論を補強するものと考えられた。

また、②については、神戸市の所得に関する免除基準は、神戸市の未償還者の平均年齢を踏まえた生活保護基準水準を前提としており、合理的な基準であるという考え方を採用した。また、資産基準に関しては、災害援護資金が震災からの生活再建のための資金であることを踏まえると、自宅や重要な動産を売却してまでの償還を求めることは酷であることや、自己破産の場合であっても一定の預貯金の留保が認められることを踏まえ、本件においても、預貯金について一定の範囲で保持を認めるべきであるという方向で、調整が進められた。

③については、他の災害との遮断を明確にするため、特別法ではな

く、一般法である災害弔慰金法の改正とすることが適切であると考えられた。

④については、今回の免除事例は、被災者生活再建支援法制定以前という事情を重視したことを条文に書き込み、直ちに、東日本大震災のケースに援用できないことを明確化し、免除自体の基準も②のような基準を設定することで、大多数の人には安易に適用されないことを明らかにすると同時に、今後の債権回収に向けて調査権限を設けることとされた。

⑤についても、一定の範囲での手直しを加えることとされた。

また、公明党においても、阪神・淡路大震災の災害援護資金償還に関するPT（座長：赤羽一嘉衆議院議員、事務局長：中野洋昌衆議院議員）を立ち上げ、精力的な議論を重ねた。

こうした議論の結果、自民党・公明党は神戸市・兵庫県の要望、更には、今後の債権管理の観点から、調査権限を設けてほしいという東日本大震災の被災３県（岩手県、宮城県、福島県）からの要望なども含め、3月末までに与党としての議員立法で未償還の災害援護資金に関する問題の解決を目指す方向性を固め、その詳細を検討した。

議員立法の内容としては、

① 阪神・淡路大震災時には被災者生活再建支援法がなかったことを踏まえ、公平性に十分配慮しつつ、一定の低所得者等の免除を可能とする（他災害や他の公的融資制度への影響は遮断）

② 今回の債権管理の実態を教訓に、急ぐべき現行貸付制度の不備を是正

といったものとなった（54・55頁参照）。

新しい低所得者向け免除の内容について、その詳細は内閣府令で規定されることとなったが、所得要件は生活保護と同等の収入水準であること、資産要件は災害援護資金で再建した住宅を売ってまで償還に充てることは不適当であり、破産した場合であっても一定の預貯金の保有が認められることから、

① 所得要件については、64歳（災害援護資金の未償還者の多くを占める神戸市における平均年齢）の生活保護扶助費（年間150万5,050

円）を基礎とし、「総所得－公租公課＜150万円」とする（公租公課は所得税、住民税、固定資産税、社会保険料）こと、

② 資産要件については、

・償還に充てることができる居住用土地・建物以外の実物資産を保有していないと認められること、

・資産としての預貯金等は破産法の運用を参考に20万円以下とすること、

③ 所得・資産要件の確認方法については、

・未償還者からの申告によることとし、課税証明書、固定資産評価証明書、預金通帳等の写し（必要に応じて、用途についての申立書）等を求め、当該書面等に基づき、関係市町において客観的に判断すること、

・既免除者や転居者等で確認の協力が得られない場合、所得要件・資産要件（実物資産・預貯金等）の確認方法に関しては、未償還者からの申告による場合との整合性を踏まえつつ、未償還者の生活実態等を把握している関係市町の判断に委ねること、

とされ、兵庫県・神戸市の要望のとおり、認定の判断は、自治体の判断に委ねることとされた。

阪神・淡路大震災の災害援護資金償還に関するWGによる改正案の概要資料（平成31年3月）

災害弔慰金の支給等に関する法律の一部改正法案について
自由民主党 災害対策特別委員会 阪神・淡路大震災の災害援護資金償還に関するWG

座　長　谷　公一
事務局長　藤原　崇

平成7年1月 阪神・淡路大震災
・死者・行方不明者6,437名、全壊約10万棟、全焼約7,000棟
・当時は被災者生活再建支援法（平成10年制定）がなく、他災害と比べ義援金配分も少なく、多くの被災者が、災害援護資金に頼って生活を再建することを余儀なくされた。

	全貸付	未償還（速報値）	未償還率
金額	1,326億円（うち国費884億円）	123億円（うち国費82億円）	9.3%
件数	57,448件	8,400件	14.6%

（参考）東日本大震災521億円（29,551件）、熊本地震13億円（728件）

〈災害援護資金（災害弔慰金の支給等に関する法律）：貸付事務 市町村〉
・最大350万円貸出、利率3％（市町村の債権管理コストに充当）
償還期間10年（据置期間 3年（最大5年））
・所得要件あり、保証人が必要
＊平成31年4月以降、保証人の要否や利率は市町村が決定（政令改正済み）
・免除：借受人（保証人）が死亡または重度障害
＊債務は相続されるため、相続人に資力があるときは死亡免除されない。
・原資：国 2／3 都道府県・指定都市 1／3（無利子）
・償還：借受人→（10年）自治体→（11・12年）国（免除要件に該当しないと借受人の未償還分も自治体は償還が必要。）

平成12年5月 償還が本格的に開始
＊神戸市等は償還指導員を配置して、生活状況や行方不明者の調査等を実施し、資力がある場合は法的措置（神戸市は20件に1件の割合で差押え等を実施）。
＊償還が困難な者は、支払猶予をし、少額償還（例：月1000円返済）。
平成17年4月～ 償還期間終了
＊経済的事情等により、未完済者も多かった。〈兵庫県下の償還割合73.0%〉
平成18年4月～ 償還期間後の債権管理対応
＊債権管理法等により、4回にわたり履行期限を延長。
＊神戸市等は、戸別訪問も含め生活状況や収入を把握、借受人ごとの償還計画を見直し。
平成27年4月 無資力免除（債権管理法等）
＊当初の償還期間（10年）からさらに10年経過したことにより、なお借受人（保証人）が無資力の場合に免除が可能に（債権管理法等）。
＊神戸市等は低所得者等の約5,500件を免除。神戸市は保証人債権（1,957件）を議会の議決により放棄。一方、国の貸付金についての取扱いは国と関係自治体の間で調整未了。
平成30年11月～ 国は債権管理法の無資力免除基準を明確化
＊生活保護・破産等の場合は免除可能。（19億円、1,058件が対象。）

関係自治体の要望

・一定の低所得者・行方不明者等に対する新たな免除を認めること
・借受人の資力を把握するための調査権限を設けること
　＊借受人の高齢化、債権管理コスト（神戸市：利子収入 25 億円＜コスト 43 億円）。
・保証人に対する債権放棄を認めること
　＊長期の債権管理により、保証人の相続問題が発生。
・自治体から国への償還は、現に借受人から償還があった場合に限定すること

〈検討と方向性〉

・1 月 29 日の WG 発足以降、関係自治体などからのヒアリングを含め、党災害対策特別委員会への中間報告を含め 8 回（幹部会を含めると 20 数回）にわたって鋭意検討。
・議員立法の内容は、途中、災対特委に中間報告に報告し了承済み。
✓ 阪神・淡路大震災時には被災者生活再建支援法がなかったことを踏まえ、公平性に十分配慮しつつ、一定の低所得者等の免除を可能とする（他災害や他の公的融資制度への影響は遮断）
✓ 今回の債権管理の実態を教訓に、急ぐべき現行貸付制度の不備を是正災害弔慰金の支給等に関する法律

〈議員立法の概要（案）〉

(1) 被災者生活再建支援法制定以前の災害（阪神・淡路大震災）について、一定の所得・資産要件による免除
・所得要件：総所得 － 公租公課 ＜ 150 万円（生活保護扶助費を参照）
　＊ 64 歳（神戸市の未償還平均年齢）の単身世帯の生活保護扶助額（平成 26 年度）は 150 万 5050 円
・資産要件：① 自らが居住している土地・建物については、著しく高額なマンション等ではないと認められること
　② ①以外の実物資産については、償還に充てることができるものを保有していないと認められること
　③ 資産としての預貯金は 20 万円以下であること
(2) 本年 4 月以降は保証人の要否を市町村に委ねることを踏まえ、それ以前の災害について、償還期限から 10 年経過後に、市町村が保証債権を放棄できるようにする
(3) 破産の場合は、20 年の経過を待たず、死亡・重度障害と同様に免除
(4) 免除等のため、市町村に資産・収入を調査する権限を付与する

出典：自民党WG資料

コラム

与党における政治決断

●谷公一（衆議院議員）

阪神・淡路大震災当時、私は兵庫県職員として財政全般を総括する立場であった。想定もしていなかった未曽有の大災害は、ハード・ソフト両面の幅広い対応を求められ、わずか50日余りで累計1兆2,000億円余りの震災対策予算を遮二無二6回編成した。

当時から懸念していたことの一つが災害援護資金だ。数万人の方に1,000億を超える貸付金の償還が、公的な被災者支援が何もない中で果たして本当に可能なのか、大丈夫なのかという心配を抱いていた。それは長く私の心のしこりとなっていた。

始　動

20数年後、この問題に私が深く関わることとなった。未償還の問題を、大震災25年を迎えるまでに必ず決着をつけなければという強い想いで、それが自分自身の責務だという決意で臨んだ。

その際、過去に議員立法を手掛けた経験から、一つは党の正式な機関で議論すること、2つは幅広く多様な人達が参加することが大事と考え、党政務調査会災害対策委員会の中にWG（ワーキンググループ）を設けていただき、参加メンバーも兵庫に加えて東日本大震災・熊本地震被災地の議員とともに、国の債権放棄を要することなので財務省OBの議員・そして弁護士の議員にも参加していただいた。

前　進

平成31年1月から毎週WGの会合、数多くの打合せを行い、会合には関係自治体、国の債権免除例（カネミ油症事件）のヒアリングも実施した。その上で3月上旬に党の災害対策委員会に中間報告を行い、同月下旬に法案要綱案の了解を得た。議論する中で、債権を免除するという言わば「平成の徳政令」なので、モラルハザードを生じることがないよう被災者生活再建支援法以前の災害に限ること、また、所得要件は神戸市など被災地の現状を重視し、資産要件は居住している住居を除外し、預貯金は藤原事務局長の発案で破産法の運用に習い20万円以下とした。最後まで難航したのは、税情報等の調査権限を市町村に付与するかどうかであったが、何とか関係者の合意を得ることができた。その間、兵庫県知事、神戸市長などとも個別に意見を伺い、与党公明党とも十分調整を図ってきた。

成　立

４月に入り野党と調整を始め、要望のあった項目も法案の中に入れることで納得･賛意をいただいた。そして連休明けの５月に法案審査に入り、部会、政審、総務会などの党内手続もスムーズに終え、委員長提出法案として、衆議院、参議院ともに全会一致で５月末に成立することができた。時代は平成から令和となった１か月後であった。

成立の背景

与野党の多くの議員、内閣府（防災担当）、財務省などの各省庁、衆議院法制局などの理解、協力がなければこの法律は成立しなかった。その背景には何といっても、神戸市を始め、被災自治体の長年の懸命の徴収努力、少額償還を苦しい生活の中でも続けてこられた被災者の姿勢、そして公的支援が皆無だった当時の状況と被災者への「思いを寄せる気持」が多くの方々にあったからだと思う。

私も震災による犠牲者への一種の「弔い戦（いくさ）」を一つ成就したような安堵の思いだ。

(2) 国会審議、改正災害弔慰金法の成立

平成31年３月末に与党として議員立法を成案化して以降、全会一致による法案成立を目指し、与野党調整を実施した。その結果、与党案に、

・市町村は、災害弔慰金及び災害障害見舞金の支給に関する事項を調査審議するため、審議会等を設置するよう努める

・国は、災害弔慰金、災害障害見舞金、災害援護資金の制度の周知を図る

という２項目を追加することにより、与野党の調整が整った。

こうした動きを受け、５月24日に、衆議院災害対策特別委員会において、「災害弔慰金の支給等に関する法律の一部を改正する法律案」が発議され、委員長提出とする決議が行われた。その後、直ちに委員会決議案の動議があり、全会一致で可決された。その後５月28日には衆議院本会議において、翌５月29日には参議院災害対策特別委員会で、５

月31日には参議院本会議において、いずれも全会一致で可決され、改正災害弔慰金法が成立した。

成立した改正災害弔慰金法は６月７日に公布された。7月19日には、関連する政・府令の公布、関係通知が発出された。そして、令和元年８月１日から施行された。

衆議院災害対策特別委員会における改正災害弔慰金法の趣旨説明

・令和元年５月24日（金）第１９８回国会　衆議院災害対策特別委員会

○谷委員　本起草案の趣旨及び内容につきまして、提出者を代表して御説明申し上げます。

災害弔慰金の支給等に関する法律は、災害弔慰金及び災害障害見舞金の支給並びに災害援護資金の貸付けについて規定する法律であります。

災害援護資金は、大きな災害が発生するたびに多くの被災者が利用してまいりました。特に、平成七年に発生した阪神・淡路大震災においては、その当時、何よりも被災者生活再建支援法がなかったことや、義援金についても一世帯当たりでは少なかったこともあり、生活の再建に資するため、五万七千件余の世帯が総額で約一千三百二十六億円の貸付けを受けました。

災害援護資金の償還は、特例が設けられた東日本大震災を除き、十年で行うものとされております。しかしながら、阪神・淡路大震災の被災者の中には、貸付けを受けたものの生活再建が思うようにいかず、期限内の償還が困難であった方も多数いらっしゃいました。そのような方は、少額償還により返済し続けてきたところであります。

一方で、その間も、神戸市など関係地方公共団体は、返済していただくためのさまざまな努力を続けるとともに、関係法令に基づく無資力免除なども行ってきましたが、いまだ八千四百件の約百二十三億円分については国や都道府県による原資貸付金の扱いをどのようにするのかが残された課題となっており、新たな法的枠組みの整備について強い要望がありました。

本起草案は、このような状況等に鑑み、災害援護資金に係る償還免除の特例、償還金の支払い猶予、償還免除の対象範囲の拡大等について定めようとするものであります。

次に、本起草案の内容について御説明申し上げます。

第一に、市町村は、被災者生活再建支援法が適用されるようになる前に生じた災害に係る災害援護資金について、その借受人が収入及び資産の状況により当該災害援護資金を償還することが著しく困難であると認められる場合として内閣府令で定める場合には、当該災害援護資金の償還未済額の全部又は一部の償還を免除することができることとし、免除した場合には、当該災害援護資金に係る都道府県及び国の貸付金の償還を免除することとしております。

第二に、本年四月一日より前に生じた災害に係る災害援護資金の保証債権について、市町村が、当該災害援護資金の償還期間の終期から十年を経過した後に議会の議決を経て当該権利を放棄したときの当該災害援護資金に係る都道府県及び国の貸付金の償還免除についての規定を設けることとしております。

第三に、市町村は、災害その他政令で定めるやむを得ない理由により、災害援護資金の借受人が支払い期日に償還金を支払うことが著しく困難になったと認められるときは、償還金の支払いを猶予することができることとしております。
第四に、市町村は、災害援護資金の借受人が破産手続開始の決定等を受けたときは、災害援護資金の借受人が死亡したとき等と同様に、当該災害援護資金の償還未済額の全部又は一部の償還を免除することができることとしております。
第五に、市町村は、この法律の規定により、償還金の支払いを猶予し、又は災害援護資金の償還未済額の全部若しくは一部の償還を免除するか否かを判断するために必要があると認めるときは、災害援護資金の借受人又はその保証人の収入又は資産の状況について、これらの者に報告を求め、又は官公署に対し必要な文書の閲覧若しくは資料の提供を求めることができることとしております。
第六に、市町村は、災害弔慰金等の支給に関する事項を調査審議するため、条例の定めるところにより、審議会その他の合議制の機関を置くよう努めることとしております。
第七に、国は、災害弔慰金等の支給及び災害援護資金の貸付けの申請の機会が確保されるよう、これらの制度の周知徹底を図ることとしております。
なお、第一及び第二につきましては、所要の経過措置を設けることとしております。
最後に、この法律は、令和元年八月一日から施行することとしております。
以上が、本起草案の趣旨及び主な内容であります。
何とぞ速やかに御賛同くださいますようお願い申し上げます。

出典：衆議院HP

衆議院災害対策特別委員会委員会決議（令和元年5月24日）

被災者支援制度に関する件
政府は、災害弔慰金の支給等に関する法律の一部を改正する法律の施行に当たり、災害が頻発、激甚化する状況の中、被災者の速やかな生活再建を図るため、被災者支援制度について、さらなる充実が図られるよう検討を加え、必要な措置を講じること。

出典：衆議院HP

改正災害弔慰金法の概要資料

災害弔慰金の支給等に関する法律の一部を改正する法律
（議員立法）

（公布：令和元年6月7日
施行：令和元年8月1日）

＜背景・趣旨＞

・ 平成7年の阪神・淡路大震災の当時は被災者生活再建支援法（平成 10 年制定）がなく、他災害と比べ義援金配分も少なく、多くの被災者が、災害援護資金（災害時の融資制度）に頼って生活を再建することを余儀なくされた。

	全貸付	未償還（平成30年12月速報値）	未償還率
金額	1,326億円（うち国費884億円）	123億円（うち国費82億円）	9.3%
件数	57,448件	8,400件	14.6%

（参考）東日本大震災 521億円（29,551件）、熊本地震 13億円（728件）

→ 現在、借受人の高齢化に加え、自治体の債権管理コストが課題。

（神戸市：利子収入25億円＜債権管理コスト43億円）

➤ 阪神・淡路大震災時には被災者生活再建支援法がなかったことを踏まえ、公平性に十分配慮しつつ、一定の低所得者等の免除を可能とする。

➤ 今回の債権管理の実態を教訓に、急ぐべき現行貸付制度の不備を是正する。

＜法案の概要＞

(1) 被災者生活再建支援法制定以前の災害（阪神・淡路大震災）について、一定の所得・資産要件による免除

・所得要件：総所得 － 公租公課 ＜ 150万円（生活保護扶助費を参照）

＊64歳（神戸市の未償還平均年齢）の単身世帯の生活保護扶助額（平成26年度）は150万5050円

・資産要件：

① 自らが居住している土地・建物については、著しく高額なマンション等ではないと認められること

② ①以外の実物資産については、償還に充てることができるものを保有していないと認められること

③ 資産としての預貯金は20万円以下であること

(2) 本年4月以降は保証人の要否を市町村に委ねることを踏まえ、それ以前の災害について、償還期限から 10 年経過後に、市町村が保証債権を放棄できるようにする

(3) 償還金を支払うことが困難である場合は支払猶予が可能であることを明確化

(4) 破産の場合は、20年の経過を待たず、死亡・重度障害と同様に免除

(5) 免除等のため、市町村に資産・収入を調査する権限を付与する

(6) 市町村は、災害弔慰金及び災害障害見舞金の支給に関する事項を調査審議するため、審議会等を設置するよう努める

(7) 国は、災害弔慰金、災害障害見舞金、災害援護資金の制度の周知を図る

出典：内閣府

第3部

令和元年改正後の災害弔慰金法の解説

第1章　総　則

（趣旨）

第1条　この法律は、災害により死亡した者の遺族に対して支給する災害弔慰金、災害により精神又は身体に著しい障害を受けた者に対して支給する災害障害見舞金及び災害により被害を受けた世帯の世帯主に対して貸し付ける災害援護資金について規定するものとする。

【解説】

法律制定の趣旨・経緯

従来、風水害等の自然災害については、災害対策基本法、災害救助法をはじめ各種の法律により対策が講じられてきた。しかし、自然災害により家族を失い、又は精神若しくは身体に重度の障害を受け、あるいは住居・家財を失った個人災害の被害者に対しては、直接の救済制度は従来存在せず、長く議論が重ねられていた。

その議論を経た結果、災害による死亡については、昭和47年度から予算措置として市町村災害弔慰金補助制度が設けられその端緒が開かれた。その後、その制度の確立と内容の充実強化を図る見地から立法化が企図され、昭和48年に本法が議員立法として成立した。

更に、昭和57年第96回通常国会では、自然災害により精神又は身体に重度の障害を受けた者に対する災害障害見舞金制度が盛り込まれた「災害弔慰金の支給及び災害援護資金の貸付けに関する法律の一部を改正する法律案」が提出され、成立した。

法律の目的

災害弔慰金の支給等に関する法律（以下「法」という。）は、暴風・豪雨等の自然災害により死亡した者の遺族に対しては、弔慰のために災害弔慰金を支給し、自然災害により精神又は身体に重度の障害を受けた者に対しては、災害障害見舞金の支給を行い、そして一定の所得以下の被災世帯の世帯主に対しては災害援護資金の貸付けを行うことで、被災した住民の福祉及び生活の安定に資することを目的としている。この法律の目的は、本法の他の規定を解釈する際にも、指針となる規定である。

（定義）

第２条　この法律において「災害」とは、暴風、豪雨、豪雪、洪水、高潮、地震、津波その他の異常な自然現象により被害が生ずることをいう。

【解説】

本条は、本法が対象としている「災害」の内容について定義をしている。本法は、本条が規定する「災害」により個人被害を受けることが要件となっており、その「災害」の内容を明らかにしているものである。

この法律において「災害」とは、暴風、豪雨、豪雪、洪水、高潮、地震、津波その他の異常な自然災害により被害が生ずることと定めている。この「災害」は、例示列挙であり、他には、火山や竜巻による被害等が考えられる。逆に、火災・事故等人為的な原因により被害が生ずる場合は含まれない。ただし、地震等の災害により誘発された火災による被害などは、その火災が地震等の災害によって誘発されたと判断される場合には、結局、地震による被害という整理となり、「災害」による被害となる。

何をもって自然災害とするかは、自然現象と被害の間に相当因果関係のあること、被害が生じたことについて人為的な原因となる者又は責任のある者（たとえば、道路の管理上のミス、宅地造成者の責任）が存在しない、又はその影響の要因が大きくはないこと、社会通念上天災と観念されているものあるいはこれに類似のものであること等が判断の基準となる。

なお、「異常な自然災害」という規定で、何をもって「異常」とするかについては、自然現象の物理的な強度又は量等の数量的な基準で決まるものではなく、被害の程度から社会通念により判断することになる。

また、自然災害をどの程度で１個の災害とするかについても、台風や豪雨のように広域に及ぶものについては空間的に、長雨のように断続的に継続するものについては時間的に、豪雪のようにその始期又は終期について不明確なものについてはその期間について、それぞれ厳密な意味での限界づけは容易ではないが、やはり社会通念によって定めるほかない。

第2章　災害弔慰金の支給

（災害弔慰金の支給）

第３条　市町村（特別区を含む。以下同じ。）は、条例の定めるところにより、政令で定める災害（以下この章及び次章において単に「災害」という。）により死亡した住民の遺族に対し、災害弔慰金の支給を行うことができる。

2　前項に規定する遺族は、死亡した者の死亡当時における配偶者（婚姻の届出をしていないが事実上婚姻関係と同様の事情にあつた者を含み、離婚の届出をしていないが事実上離婚したと同様の事情にあつた者を除く。）、子、父母、孫及び祖父母並びに兄弟姉妹（死亡した者の死亡当時その者と同居し、又は生計を同じくしていた者に限る。以下この項において同じ。）の範囲とする。ただし、兄弟姉妹にあつては、当該配偶者、子、父母、孫又は祖父母のいずれもが存しない場合に限る。

3　災害弔慰金の額は、死亡者１人当たり500万円を超えない範囲内で死亡者のその世帯における生計維持の状況等を勘案して政令で定める額以内とする。

【解説】

自然災害により死亡した者がある場合に市町村がその遺族に対し、災害弔慰金を支給できることを定めている。

第１項について

1　「政令で定める災害」は「災害弔慰金の支給等に関する法律施行令」（昭和48年政令第374号。以下「令」という。）第１条において規定されている。

第１条　災害弔慰金の支給等に関する法律（以下「法」という。）第３条第１項に規定する政令で定める災害は、１の市町村（特別区を含む。以下同じ。）の区域内において生じた住居の被害が内閣総理大臣が定める程度以上の災害その他これに準ずる程度の災害として内閣総理大臣が定めるものとする。

２　前項の規定により内閣総理大臣が定める住居の被害の程度は、住居の被害が生じたことにより災害救助法（昭和22年法律第118号）による救助（以下「救助」という。）を行うことができる最小の災害の当該住居の被害の程度を超えるものであつてはならない。

更に、「内閣総理大臣が定める程度以上の災害」については「災害弔慰金の支給が行われる災害の範囲等」（平成25年10月１日内閣府告示第230号）により、次のように定められている。

１　災害弔慰金の支給等に関する法律施行令（昭和48年政令第374号。以下「令」という。）第１条第１項に規定する内閣総理大臣が定める程度は、１の市町村の区域内において住居の滅失した世帯の数が５あることとする。この場合において、住居の滅失した世帯の数の算定に当たっては、災害救助法施行令（昭和22年政令第225号）第１条第２項に定める算定方法の例によるものとする。

２　令第１条第１項の規定により第１号に定める程度以上の災害に準ずる程度の災害として内閣総理大臣が定めるものは、次の各号のいずれかに該当するものとする。

イ　被害が発生した市町村をその区域に含む都道府県の区域内において生じた災害であって、住居の滅失した世帯の数が５以上の市町村が３以上存在するもの（第１号に定める程度以上の災害を除く。）。この場合において、住居の滅失した世帯の数の算定に当たっては、災害救助法施行令第１条第２項に定める算定方法の例によるものとする。

ロ　被害が発生した市町村をその区域に含む都道府県の区域内において生じた災害であって、災害救助法（昭和22年法律第118号）第２条に規定する救助（以下「救助」という。）が行われたもの（第１号及びイに定める程度以上の災害を除く。）。
ハ　救助が行われた市町村をその区域に含む都道府県が２以上あるもの（第１号並びにイ及びロに定める程度以上の災害を除く。）。

2　災害弔慰金の支給対象となる死亡者は、「災害により死亡した住民」と規定されていることから明らかなように、支給する市町村の住民に限定される。したがって、住所地以外の他の市町村内で災害に遭遇して死亡した場合であっても、その住所地の市町村が行う災害弔慰金支給における支給事由に該当する。ここでいう住民は、いわゆる民法上の住所を有しているか否かの観点から判断するものであり、住民票の有無だけで直ちに判断できるものではない。

また、自然災害による死亡であるか否かの判定（災害関連死の判定を含む。）は、災害弔慰金の支給を行う市町村が行うこととなるが、事実関係が明白でない場合には、警察、消防等各機関の情報により十分調査確認のうえ判定しなければならない。判定が困難な場合には、市町村において医師や弁護士等の有識者による審査会を設置し第三者の意見を聴くなど、その認定については慎重を期すことが必要となる。

審査会の設置については、従来より、地方自治法第138条の４第３項の規定に基づき、地方公共団体に設置できることとされていたが、改正災害弔慰金法による改正後の法第18条において、市町村ごとに審議会その他の合議制の機関を設置することについて努力義務の規定が定められた。ここでいう機関は、地方自治法第138条の４第３項に基づく審議会に限らず、実質的に専門的知見を得る機関であれば足りる。

3　本法は、あくまで、災害弔慰金の支給に関する大枠を規定しているものに留まり、具体的な手続などは、条例に委ねている。

災害弔慰金の支給に関する事務は、従来より自治事務と考えられ、市町村ごとのある程度自由な制度設計を認めていることがその理由である。災害弔慰金の支給に関する事務が、市町村固有の事務と考えられる理由は、災害の発生状況その他の事項について地域性があること、従来から市町村において災害弔慰金・災害見舞金の支給等様々な個人救済措置が講じられていたこと、災害発生状況の把握、被害者の状況の調査等の事務に当たるのは市町村が適当であること、住民の死亡に対し災害弔慰金の支給を行うことは、地域住民の共同性に基づくものであること等が挙げられている。

災害弔慰金の支給に関する具体的な制度設計を条例に委ねた結果、仮に条例が不存在の市町村がある場合には、その在住住民においては、災害弔慰金の支給を受ける具体的な権利が存しないこととなる。

また、原則として本法の内容は、市町村の裁量を否定するものではなく、したがって、本法が定める基準を超える内容を市町村が定めることも一定の範囲では許容される。具体例としては、災害弔慰金の支給額について500万円を超える金額とすることなどが想定される。ただし、法第３条第３項及び第７条との関係上、国及び都道府県からの支給金額は、500万円の範囲内となる。

4　本規定に基づく災害弔慰金の支給は、受給権に基づき支給されるものではなく、自然災害による死亡という事実に対し、市町村の措置として支給されるものである。したがって、市町村が、被害の状況、遺族の状況等必要な調査を行って支給するものとしており、申請書の提出、支給の決定の通知等の手続は必要ない。

そのため、不支給の判断が直ちに遺族の権利を侵害するものとはいえないが、行政不服審査法等が対象としている「処分」は、「行政庁の処分その他公権力の行使に当たる行為」とされており、災害弔慰金不支給の判断は、申請に基づくものではないが、処分性を有するものと考えられる。

なお、実際の災害弔慰金支給の事務は、例えば、あらかじめ死亡がわかっている者については、遺族に市が調査書等の提出の案内を行い、遺族からの調査書等が提出されたことを受けて行政が支給する取扱いとなっている。

論点

災害関連死について

災害弔慰金法は第3条第1項の規定で、自然災害により死亡した者の遺族に対し市町村が災害弔慰金を支給できることと、第8条第1項の規定により重度の障害を負った者に対し災害障害見舞金を支給することができるとしている。

災害弔慰金は、災害を直接の原因として死亡した場合だけでなく、災害に起因して生活環境の悪化などによって死亡した場合などの、いわゆる災害関連死の場合も、市町村が災害により死亡したと認定した場合には支給の対象となる。そしてその判断は、災害の種類や被災者の状況などによる個別具体的な判断が求められるため、国は明確な判断基準を示してこなかった。

そうしたことから、東日本大震災や熊本地震では、認定のあり方にばらつきがあり、国は統一的な基準を示すべきという声が市町村関係者から上がっていた。

また、日本弁護士連合会も、東日本大震災を契機に、災害関連死に関する意見書をたびたびとりまとめ、「国は、将来の災害関連死を減らすために、災害関連死の事例を全国の地方自治体から集め、多様な分野の専門家をもって構成される調査機関を設置したうえで、当該調査機関をして、死亡原因、死亡に至る経過、今後の課題等を個別の事例ごとに十分に分析するとともに、分析結果を匿名化して公表すべき」（「災害関連死の事例の集積、分析、公表を求める決意書」平成30年8月23日日本弁護士連合会）「被災地の市町村は、災害弔慰金の支給に関する審査会を自ら設置すべきであり、県への審査の委託はできる限り避けるべきである」（「震災関連死の審査に関する意見書」平成25年9月13日日本弁護士連合会）などといった提言を行っている。

災害関連死の問題は国会でもたびたび取り上げられており、平成31年4

月に内閣府は、今後、災害関連死の数を把握できるようにする観点から、災害関連死を「当該災害による負傷の悪化又は避難生活等における身体的負担による疾病により死亡し、災害弔慰金の支給等に関する法律（昭和48年法律第82号）に基づき災害が原因で死亡したものと認められるもの（実際には災害弔慰金が支給されていないものも含めるが、当該災害が原因で所在が不明なものは除く。）」と定義し、都道府県に通知した。

こうした動きに加え、令和元年5月24日の衆議院災害対策特別委員会において、山本順三防災担当大臣（当時）は、政府として災害関連死の認定例を収集、分析・整理したうえで公表することを表明した。

第2項について

「遺族」とは死亡した者の死亡当時における配偶者（婚姻の届出をしていないが事実上婚姻関係と同様の事情にあった者を含み、離婚の届出をしていないが事実上離婚したと同様の事情にあった者を除く。）、子、父母、孫及び祖父母の範囲とされ、これらの遺族がいない場合には一定の兄弟姉妹も対象となる。

これら遺族の支給順序については、「災害弔慰金の支給及び災害援護資金の貸付けに関する法律の一部を改正する法律等の施行について」（昭和50年1月29日社施第17号各都道府県知事・各指定都市市長あて厚生省社会局長通知）において、災害弔慰金を支給する遺族の範囲は、法第3条第2項の遺族の範囲とし、その順位は、①死亡者の死亡当時において、死亡者により生計を主として維持している遺族を先にし、その他の遺族を後にする。②①の場合において、同順位の遺族については、配偶者、子、父母、孫、祖父母の順序とするとされている。

第3項について

「政令で定める額」は令第1条の2において規定している。

（法第３条第３項に規定する政令で定める額）

第１条の２　法第３条第３項に規定する政令で定める額は、死亡者が死亡当時においてその死亡に関し災害弔慰金を受けることができることとなる者の生計を主として維持していた場合にあつては500万円とし、その他の場合にあつては250万円とする。ただし、死亡者がその死亡に係る災害に関し既に災害障害見舞金の支給を受けている場合は、これらの額から当該支給を受けた災害障害見舞金の額を控除した額とする。

「生計を主として維持していた場合」とは、社会通念上、死亡者が受給遺族の主たる扶養者であったとみられる場合で、かつ、受給遺族に収入がない場合又は受給遺族の収入が所得税法（昭和40年法律第33号）第２条第１項第三十三号の二に規定する控除対象配偶者に係る所得金額の制限を受ける程度以内の場合をいう。「控除対象配偶者に係る所得金額の制限を受ける程度」とは、支給対象の遺族の所得が、例えば給与のみの場合には、その給与収入が103万円以下の場合を指す。

本令では、災害障害見舞金を受けている場合には、その金額を控除することとされているが、この趣旨は、災害障害見舞金と災害弔慰金の二重支給を回避することにより、災害弔慰金のみを受けた者との間の実質的な公平性を図ることにある。本来、災害障害見舞金の支給は症状固定時であるから、その後の死亡について、災害弔慰金の対象となる事例は多くは想定されないが、被災によって災害障害見舞金を受けた（両上肢を失う等）が、その後、災害に起因する精神の障害により自殺をした者について、災害関連死として災害弔慰金の支給を認められる場合などが考えられる。

なお、ここでいう「収入」とは、当該死亡者の死亡当時における受給遺族の恒常的な収入を指し、「恒常的な収入」とは、一定期間継続的に収入がある場合をいい、一時的な所得は含まない。

論点

自治体が条例において定めることができる範囲について

第３条第２項の解説でも触れたとおり、本法は、その細部の設計を条例に委ねている。この趣旨は、災害弔慰金の支給や災害援護資金の貸出しなどは、自治体固有の事務であるという理解に基づく。そのため、災害弔慰金の支給や災害援護資金の貸出しの具体的な制度設計において、本法を超えた内容を定めることも一定の範囲では許容されている。具体的に本法と異なる定めを行うことが許容されているかどうかは、各条項の趣旨が、法と異なった内容を設けることを許容しているかという点から判断されるため、条文ごとに検討が必要となる。そのため、ここでは、本法と条例との関係について、主な条文について個別に検討を行う。

法第３条第２項について

支給対象の災害や遺族の範囲について、異なる内容の定めを行い、より手厚い支援内容とすることは、市町村ごとの判断を妨げる必要性はなく、許容される。ただし、法律を超える部分については、本法による財政的支援の対象とはならない。

法第３条第３項について

災害弔慰金の金額についても、500万円以下の任意の額を定めることができる一方、その上限を超えて定めることも、市町村としての判断をあえて妨げる必要性はなく、許容される。ただし、500万円を超える部分については、法律に基づく災害弔慰金とは異なるものと理解をすることになる。

この考え方は、災害見舞金においても、同様に当てはまる。

法第４条について

「当該災害のやんだ後３月間その生死がわからない場合には、……死亡したものと推定する。」と法文上明確に規定されていることや、あえて全国において異なる取扱いを行うことが要請される内容でもないことから、条例によって期間を変更することはできないと考えられる。

第５条について

本条は、故意や重過失に基づく死者の遺族への災害弔慰金の支給を否定している。しかし、重過失による死亡者の遺族であろうとも、その死亡による心理的な衝撃は異なるところがないから、あえて重過失に基づく死亡をも対象とすることは許されると考えられる。ただし、その場合には、法７条に基づく財政的支援は受けられないこととなる。

法第８条第１項について

条例において、法の別表が定める以外の障害においても災害見舞金を支給することを可能とすることは、自治体ごとの被災者支援の問題として許される。ただし、その場合には、災害弔慰金法が定める以外の障害についての見舞金には、法第９条に基づく財政的支援は行われないこととなる。

法第10条第１項について

法第５条等と同様に、自治体独自の判断により、支給対象を拡大することは許容されていると考えられる。その場合の財政的支援が行われないことも同様である。

法第10条第２項について

法第３条第２項と同様に、上乗せの金額を貸し付けることは許されると考えられるが、財政的支援の範囲が一定額に留まることとなる。

法第10条第３項について

災害援護資金制度は、国や都道府県の財政支援と関連し、特に償還期間は10年を前提として、国と都道府県の貸付金の償還期間も決められている。そのため、自治体ごとの判断で償還期間を延ばすことを認めると、国や都道府県の貸付金の償還期間との間で齟齬をきたす可能性がある。また、仮に償還義務者に十分な資力がない場合には、あえて条例による延長を認めなくとも、地方自治法などの法律に基づいて、履行期限を延長することが可能となっている。したがって、償還期間を条例で延ばすことは認められないと考えられる。

法第10条第４項について

法では「災害援護資金は、据置期間中は無利子とし、据置期間経過後は、延滞の場合を除き、その利率を年３パーセント以内で条例で定める率とする。」とされており、法律の中に条文に係る明文の規定があるので３％を超える利率を条例で設定することはできないと考えられる。

（災害による死亡の推定）

第4条　災害の際現にその場にいあわせた者につき、当該災害のやんだ後3月間その生死がわからない場合には、災害弔慰金に関する規定の適用については、その者は、当該災害によつて死亡したものと推定する。

【解説】

1　災害の際、その現場にいた者が、その後3か月間行方不明の場合には、自然災害により死亡した蓋然性が高い。そのような経験則の下、行方不明の場合の推定規定を設けている。法第3条第1項の解説の際に記載したとおり、災害弔慰金の支給は、遺族からの申請を前提としてはおらず、自治体の一方的な判断で支給を行うことができる。

しかし、行方不明者の親族の心情への配慮も求められるため、行方不明の場合には、親族が死亡を受け入れる心境となったことを示す葬祭等が行われた後に支給をする等、親族への配意が必要となる。

2　死亡の推定により災害弔慰金を支給した後に生存が判明した場合、一般的な推定規定であれば、既に支給した災害弔慰金については返還を要するとの考え方があり得るところであるが、災害弔慰金の場合は返還を求める必要はないと考えられている。

災害弔慰金支給の趣旨は死者に対する見舞いではなく、親族を亡くした遺族に対する弔慰であると考えられるため、災害弔慰金を支給した後に生存が判明した場合であっても、当時受けた精神的苦痛に変わりはないことや、実際にその返還を求めることは酷であることから、既に支給した災害弔慰金について返還を求めることとはしていない。

（支給の制限）

第５条　災害弔慰金は、その災害による死亡がその死亡した者の故意又は重大な過失によるものである場合その他これを支給することが不適当と認められる政令で定める場合には、支給しない。

【解説】

1　本条は、条理上、行政から弔慰金を支給することが不適当である場合に、支給をしないこととしている規定である。一般的に、その死亡について、本人の故意又は重大な落ち度がある場合を規定している。その他の「支給することが不適当」とする場合については、令第２条において規定している。

（法第５条に規定する政令で定める場合）

第２条　法第５条に規定する政令で定める場合は、当該死亡に関しその者が業務に従事していたことにより支給される給付金その他これに準ずる給付金で内閣総理大臣が定めるものが支給される場合とする。

具体的には「災害弔慰金の支給が行われる災害の範囲等」（平成25年10月１日内閣府告示第230号）により、次のように定められており、当該給付金の有無について留意する必要がある。

3　令第２条に規定する内閣総理大臣が定める給付金は、次の各号に掲げるものとする。

イ　災害救助法第12条の規定により支給される扶助金

ロ　警察表彰規則（昭和29年国家公安委員会規則第14号）第４条の規定により支給される賞じゅつ金

ハ　消防表彰規程（昭和37年消防庁告示第１号）第５条の規定により支給される賞じゅつ金

ニ　賞じゅつ金に関する訓令（昭和38年防衛庁訓令第15号）第２条の規定により支給される賞じゅつ金

2　支給を不適当とする場合は、本条に規定する場合には限られないので、市町村長が支給を不適当と認める場合は支給しないこととしても法律上差し支えない。しかしながら、その独自のケースについて条例において規定をすることが必要となる。

（譲渡等の禁止）

第5条の2　災害弔慰金の支給を受けることとなつた者の当該支給を受ける権利は、譲り渡し、担保に供し、又は差し押さえることができない。

2　災害弔慰金として支給を受けた金銭は、差し押さえることができない。

【解説】

1　本法による災害弔慰金の支給を受けることになった遺族は、本条の規定によりその支給を受ける権利は、譲り渡し、担保に供すること、差し押さえが禁止される。

2　本法による災害弔慰金として支給された金銭は本条の規定により差し押さえが禁止される。

論点

災害弔慰金に係る差押えについて

1　災害弔慰金の支給を受ける権利に対する強制執行（債権執行）の場合

〔被差押債権の特定が必要〕

差押命令の申立てに当たっては、差し押さえるべき債権の種類及び額その他の債権を特定するに足りる事項を記載する必要がある。

➡ 差押禁止債権を対象とする債権執行の申立てについては、発令されない。

※ 差押禁止に反して発せられた差押命令の効力

東京地裁民事執行センターにおいては有効説の運用（債務者は執行抗告により差押命令の取消しを求める必要がある。）

2　災害弔慰金が振り込まれた預金口座に対する強制執行（債権執行）の場合

〔原則〕

差押禁止債権の目的物が預金口座に振り込まれた場合、預金債権の原資が差押禁止債権であったとしても、預金債権自体は差押禁止債権にはならないと解されており、預金債権全額について差押えをすることが可能。

〔債務者の救済〕

差押債権の範囲変更（民執153条）

➡ 執行裁判所は、申立てにより、債務者及び債権者の生活の状況その他の事情を考慮して、差押命令の全部又は一部を取り消すことができる。

※ 執行実務においては、①預金口座の収支状況、差押禁止債権の入金状況等を証する資料により、預金口座の原資が差押禁止債権であることを認定した上で、②範囲変更を相当とする債務者及び債権者の生活の状況その他の事情についても考慮する運用をとっている。

3　金銭に対する強制執行（動産執行）の場合

〔対象物の特定は不要－総合考慮〕

動産執行の申立てにおいては、債権者が申立て時に対象物を特定する必要はない。

差押禁止動産に当たるかどうかは、執行官が差押執行時を基準として、差押えを禁止している法令の趣旨、一般人の社会生活状況、生活水準、債務者の営業の状況、その他の事情を総合して判断。

〔参照条文〕民事執行法（昭和54年法律第4号）

（差押禁止債権）

第152条　次に掲げる債権については、その支払期に受けるべき給付の4分の3に相当する部分（その額が標準的な世帯の必要生計費を勘案して政令で定める額を超えるときは、政令で定める額に相当する部分）は、差し押さえてはならない。

一　債務者が国及び地方公共団体以外の者から生計を維持するために支給を受ける継続的給付に係る債権

二　給料、賃金、俸給、退職年金及び賞与並びにこれらの性質を有する給与に係る債権

2　退職手当及びその性質を有する給与に係る債権については、その給付の4分の3に相当する部分は、差し押さえてはならない。

3　債権者が前条第1項各号に掲げる義務に係る金銭債権（金銭の支払を目的とする債権をいう。以下同じ。）を請求する場合における前2項の規定の適用については、前2項中「4分の3」とあるのは、「2分の1」とする。

（差押禁止債権の範囲の変更）

第153条　執行裁判所は、申立てにより、債務者及び債権者の生活の状況その他の事情を考慮して、差押命令の全部若しくは一部を取り消し、又は前条の規定により差し押さえてはならない債権の部分について差押命令を発することができる。

2　事情の変更があつたときは、執行裁判所は、申立てにより、前項の規定により差押命令が取り消された債権を差し押さえ、又は同項の規定による差押命令の全部若しくは一部を取り消すことができる。

3　前2項の申立てがあつたときは、執行裁判所は、その裁判が効力を生ずるまでの間、担保を立てさせ、又は立てさせないで、第三債務者に対し、支払その他の給付の禁止を命ずることができる。

4　第1項又は第2項の規定による差押命令の取消しの申立てを却下する決定に対しては、執行抗告をすることができる。

5　第三項の規定による決定に対しては、不服を申し立てることができない。

（非課税）
第６条　租税その他の公課は、災害弔慰金として支給を受ける金銭を標準として、課することができない。

【解説】

本法による災害弔慰金として支給された金銭は本条の規定により所得税法及び地方税法上非課税所得として取り扱われる。所得税法等に非課税所得とする明文の規定はなくとも、本条により、租税その他の公課が禁止される。

（費用の負担）
第７条　都道府県は、災害弔慰金に要する費用につき、その４分の３を負担するものとする。
２　国は、前項の規定により都道府県が負担する費用につき、その３分の２を負担するものとする。

【解説】

1　災害弔慰金の額は、法第３条第３項の規定により、死亡者１人当たり500万円以内となっている。そして、国、都道府県及び市町村がそれぞれの割合の負担を行うことになる。その負担割合は、市町村が支給に要した費用に対し、都道府県はその４分の３を負担し、都道府県が負担した費用の３分の２を国が負担することとなる。つまり国が４分の２、都道府県、市町村がそれぞれ４分の１ずつの割合で負担するものである。

なお、都道府県及び国の負担の対象となる弔慰金の額は、500万円までであり、条例により死亡者１人当たり500万円以上の弔慰金の支給が行われても、国及び都道府県が負担する額は500万円の４分の３に留まる。

また、都道府県及び市町村の負担については、特別交付税をもって財政措置される。

災害援護資金制度では、指定都市とその他の都市で扱いを変えているが、災害弔慰金の場合にはそのような扱いは行われていない。これは、災害弔慰金の財政負担は国４分の２、都道府県４分の１、市町村４分の１となっており、都道府県負担分も政令指定都市負担となると、政令指定都市負担分が４分の２となり他の市町村に比べ負担が大きくなること、災害援護資金は貸付金であり、純粋に給付するものではなく、最終的に貸付金が償還されれば、貸付主体の費用負担は生じないことになること、政令指定都市に貸付金の一時的な財政負担と回収を連動させることで、政令指定都市における債権管理の積極性を高める意図があったことなどが理由である。

第3章　災害障害見舞金の支給

（災害障害見舞金の支給）

第８条　市町村は、条例の定めるところにより、災害により負傷し、又は疾病にかかり、治つたとき(その症状が固定したときを含む。)に精神又は身体に別表に掲げる程度の障害がある住民(次項において「障害者」という。)に対し、災害障害見舞金の支給を行うことができる。

２　災害障害見舞金の額は、障害者１人当たり250万円を超えない範囲内で障害者のその世帯における生計維持の状況を勘案して政令で定める額以内とする。

法別表（第８条関係）

１　両眼が失明したもの

２　咀嚼《そしゃく》及び言語の機能を廃したもの

３　神経系統の機能又は精神に著しい障害を残し、常に介護を要するもの

４　胸腹部臓器の機能に著しい障害を残し、常に介護を要するもの

５　両上肢をひじ関節以上で失つたもの

６　両上肢の用を全廃したもの

７　両下肢をひざ関節以上で失つたもの

８　両下肢の用を全廃したもの

９　精神又は身体の障害が重複する場合における当該重複する障害の程度が前各号と同程度以上と認められるもの

【解説】

１　災害障害見舞金の支給の対象となる災害の範囲は、法第３条第１項に規定する災害弔慰金の支給対象となる災害の範囲と同一である。

２　支給の対象となる者は災害により負傷し、又は疾病にかかり、治ったとき又はその症状が固定したときに、精神又は身体に法別表に掲

げる程度の障害がある住民（「障害者」）である。

3　障害の原因となる負傷又は疾病が、自然災害によるものか否かの判定は、実施主体である市町村の長が行うこととなるが、事実関係が明らかでない場合には、災害弔慰金の場合と同様に、その認定について慎重を期すこととなる。

4　「治ったとき」とは、障害の原因となる負傷又は疾病の臨床症状が消退し、一応治癒した状態をいう。また「症状が固定したとき」とは、まだ治ってはいないが、法別表に該当する障害が永続することが明らかであり、医学的にみてそれ以上の回復が望めないと判断される状態をいう。

5　災害障害見舞金の支給は、受給権に基づき支給されるものではなく、自然災害による障害という事実に対し市町村の措置として支給されるものであるので、申請書の提出、支給決定の通知等の手続は必要ないものである。この点は災害弔慰金の支給と同様である。

6　「災害障害見舞金の額」については、令第２条の２において次のように定めている。

（法第８条第２項に規定する政令で定める額）

第２条の２　法第８条第２項に規定する政令で定める額は、障害者が当該災害により負傷し又は疾病にかかつた当時においてその属する世帯の生計を主として維持していた場合にあつては250万円とし、その他の場合にあつては125万円とする。

「その属する世帯の生計を主として維持していた場合」とは、災害弔慰金の場合と同様である。

（準用規定）

第９条　第５条から第７条までの規定は、災害障害見舞金について準用する。

【趣旨】

本条は、災害障害見舞金の支給制限（第５条）、譲渡等の禁止（第５条の２）、非課税（第６条）及び費用負担（第７条）について、災害弔慰金の取扱いと同様であることを規定したものである。令第２条の３で次のように定めている。

（準用）

第２条の３　第２条の規定は、災害障害見舞金の支給の制限について準用する。この場合において、同条中「法第５条」とあるのは「法第９条において準用する法第５条」と、「当該死亡」とあるのは「当該障害」と読み替えるものとする。

第4章　災害援護資金の貸付け

（災害援護資金の貸付け）

第10条　市町村は、条例の定めるところにより、その区域内において災害救助法(昭和22年法律第118号)による救助の行われる災害その他の政令で定める災害により次に掲げる被害を受けた世帯で政令の定めるところにより算定したこれに属する者の所得の合計額が政令で定める額に満たないものの世帯主に対し、生活の立て直しに資するため、災害援護資金の貸付けを行うことができる。

一　療養に要する期間がおおむね１月以上である世帯主の負傷

二　政令で定める相当程度の住居又は家財の損害

2　災害援護資金の１災害における１世帯当たりの限度額は、政令で定める。

3　災害援護資金の償還期間（据置期間を含む。）は、10年を超えない範囲内で政令で定める。

4　災害援護資金は、据置期間中は無利子とし、据置期間経過後は、延滞の場合を除き、その利率を年３パーセント以内で条例で定める率とする。

【解説】

第１項について

政令で定める災害については、令第３条において次のように規定している。

（法第10条第１項に規定する政令で定める災害）

第３条　第10条第１項に規定する政令で定める災害は、当該市町村をその区域に含む都道府県の区域内において生じた災害で救助が行われたものとする。

1　災害援護資金の貸付けが行われる災害は、当該貸付けを行う市町村を含む都道府県の区域内で災害救助法による救助が行われた自然災害である。したがって、都道府県の区域内において、災害救助法による救助が行われたときは、直接発災した市町村ではなくとも、その都道府県の各市町村は、貸付けを実施することができる。法第10条第1項の規定上、当該市町村の住民たる世帯主が被災し、被害を受けた場合を貸付対象とし、他の市町村の住民が被災した場合は貸付対象としないものである。その場合には、他市町村の貸付対象となる。

2　貸付対象者は、上記の災害により被害を受けた世帯の世帯主である。世帯の取扱いについては、同居し、かつ生計を一にしている者を同一世帯とする。

「世帯主」とは主としてその世帯の生計を維持する者であって、その世帯を主宰する者として社会通念上妥当と認められる者をいうものである。

3　保証人については、従来は改正前の旧令第8条の規定により必ず置くことが求められていたが、東日本大震災時の特例により保証人がいない場合であっても災害援護資金の貸付けが認められた経緯を踏まえ、保証人を付すかどうかについては、令和元年度より、市町村が条例により、自由に定められることとなった。

保証人を付すかどうかについての考え方であるが、保証人を付さないとした場合、貸倒れの危険性が高まり、債権回収が困難になる場合もあり得ることが想定されるところである。この場合、法第11条及び法第12条の規定により、災害援護資金の貸付けを受けた者（又はその保証人）が全額を償還したか否かにかかわらず、①指定都市を除く市町村にあっては都道府県に対して、②都道府県又は指定都市にあっては国に対して、それぞれ償還期限到来時に貸付金の残額の全てにつき償還を完了するとされていることを踏まえて、保証人の要否については慎重に判断することが必要となる。なお、東日本大震災時の特例（保証人がいる場合は無利子、保証人がいない場合は有利子）を参考にすることも考えられる。

4　貸付けの申請については、被災後の生活再建の原資という制度の趣旨から、できるだけ早期に貸付事務を行うことが望ましいが、その一方で、市町村の事務体制の観点からの準備も必要であることから、災害が発生してから3か月以内に申請の受付けを完了する旨の行政通達が出されており、原則としてそれに従った取扱いがなされている。

一方で、貸付けの期間を独自に条例で定めている市町村もある（平成30年7月豪雨により被災した倉敷市では、令和2年3月31日までとされている。）。なお、東日本大震災では災害援護資金の貸付期間について、「東日本大震災に対処するための特別の財政援助及び助成に関する法律の厚生労働省関係規定の施行等に関する政令」（平成23年政令第131号）において、制定時には貸付けの申請期日は平成30年3月31日までとされ、その後改正を重ねて現行法では令和2年3月31日までとされている。

5　本条も、災害弔慰金支給制度と同様に、条例によって具体的な制度設計がなされることで初めて、当該自治体の住民が貸付けを受けることができる。したがって、仮に法10条に基づく条例が制定されていない場合には、当該自治体の住民は災害援護資金の貸付けを受けることはできない。

6　また、本法は、基本的にはナショナルミニマムの基準を定めているに過ぎないので、それへの上乗せ条例を規定することが差し支えないのは、災害弔慰金と同様である。

7　「政令の定めるところにより算定したこれに属する者の所得の合計額が政令で定める額」については、令第4条及び第5条において次のように規定している。

（法第 10 条第１項の規定による所得の算定）

第４条　法第 10 条第１項の規定による所得の算定は、当該被害を受けた年の前年の所得（当該被害を１月から５月までの間に受けた場合にあつては、前前年の所得）について行うものとし、その額は、その所得が生じた年の翌年の４月１日の属する年度分の地方税法（昭和 25 年法律第 226 号）第５条第２項第一号に掲げる市町村民税（特別区が同法第１条第２項の規定によつて課する同法第５条第２項第一号に掲げる税を含む。）に係る同法第 313 条第１項に規定する総所得金額、退職所得金額及び山林所得金額、同法附則第 33 条の３第５項に規定する土地等に係る事業所得等の金額、同法附則第 34 条第４項に規定する長期譲渡所得の金額、同法附則第 35 条第５項に規定する短期譲渡所得の金額、同法附則第 35 条の４第４項に規定する先物取引に係る雑所得等の金額、外国居住者等の所得に対する相互主義による所得税等の非課税等に関する法律（昭和 37 年法律第 144 号）第８条第２項（同法第 12 条第５項及び第 16 条第２項において準用する場合を含む。）に規定する特例適用利子等の額、同法第８条第４項（同法第 12 条第６項及び第 16 条第３項において準用する場合を含む。）に規定する特例適用配当等の額、租税条約等の実施に伴う所得税法、法人税法及び地方税法の特例等に関する法律（昭和 44 年法律第 46 号）第３条の２の２第 10 項に規定する条約適用利子等の額並びに同条第 12 項に規定する条約適用配当等の額の合計額とする。

（法第 10 条第１項に規定する政令で定める額）

第５条　法第 10 条第１項に規定する政令で定める額は、同一の世帯に属する者が１人であるときは 220 万円、２人であるときは 430 万円、３人であるときは 620 万円、４人であるときは 730 万円、５人以上であるときは 730 万円にその世帯に属する者のうち４人を除いた者１人につき 30 万円を加算した額とする。ただし、その世帯の住居が滅失した場合にあつては、1,270 万円とする。

①所得による制限

i　貸付対象世帯については、その世帯に属する者の所得を合算した額が、令第５条に規定する金額未満であることが貸付けを受ける要件とされているので、限度額以上の所得を有する世帯には貸付けを行わないものである。

これは、災害援護資金が、被災世帯の生活の立て直しに資するために貸し付けられる低利資金であることに鑑み、資金調達の比較的容易と考えられる一定所得以上の世帯については、貸付けの対象としない趣旨である。

貸付金は、通常、返済資力のあるところに貸し付けるものであるから、資力を有する者を除外する形式は通常考えにくい。しかし、本法はあくまで災害被災者又は被災世帯への援助を規定したものであり、福祉的要素を持つ。そのため、通常の貸付制度とは異なる制度設計が許容されるわけであるし、このような制度は、他にも母子父子寡婦福祉資金貸付金のように存在する。

災害援護資金制度の具体的な対象世帯は、所得の低い方からおおむね３分の２の世帯である。そしてその定め方は、全国の所得階級別世帯数をもとに、累積世帯数が全体の３分の２となる所得を基準とするものであり、その改定ルールについては、カバー率が３分の２を下回らない限り額の変更を実施しないこととされている。なお、平成30年度に算定を行った際は73.5%のカバー率であった。

ii　災害援護資金の貸付けを受けようとする世帯主に係る世帯の所得の算定については、当該世帯に属する者（世帯主を含む。）のそれぞれの所得につき、令第４条により算定した前年の所得（１月から５月までの間に被害が生じたときは、前々年の所得）を合算するものである。

なお、令第４条の算定方法については、市町村が実施主体であることに鑑み、市町村民税の所得割の課税標準を用いることとされている。

iii　所得要件の判定は、貸付けを行う市町村長が行うものであるが、災害援護資金貸付申請書に記載された所得額を参考として、市町村に備える課税台帳等の公簿により確認することとなる。

② 所得制限の内容

所得制限は、貸付けを受けようとする世帯主の世帯における世帯主及びその世帯に属する者の政令で定めるところにより算定した所得の合算した額を基準に考え、政令で定める額以下であれば貸付対象世帯になり得る。

世帯の中で所得のある者が２人以上ある場合の合算は、政令により算定された額を合算することとなっているので、この規定は、所得を有する者それぞれの所得の算定の方法を定めていることになるから、例えば、所得を有する者が３人いれば、３人それぞれにつき、所得を算定する必要がある。

③所得の算定方法

まず第１に、前年の所得を用いることである。これは、市町村民税の課税所得を用いることとした結果である。すなわち、市町村民税は、当該年度の４月１日の属する年の前年の所得に対して賦課されるものであり、これを用いるため、必然的に前年の所得を用いることとなる。

災害援護資金の貸付けを受ける場合は、災害に被災し、損害を受け、当該年の所得の低下が想定されるから、前年の所得によることは、実情に適合しないのではないかという問題はある。しかし、現実に当該年の所得は、当該年終了後でなければ確定しないことから、前年所得を用いる以外にないのである。

なお、前年の所得についても、市町村民税の課税台帳に整理されるのは、翌年の６月以降である。したがって、１月から５月までの間は、前年所得も把握できないため、その間に災害が発生した場合は、前々年の所得を用いることになる。

ただし、東日本大震災については、被害が甚大であったため、貸付けを受ける期間が、「東日本大震災に対処するための特別の財政援助及び助成に関する法律に関する厚生労働省関係規定の施行等に関する政令」（平成 23 年政令第 131 号）第 14 条第２項により、令和２年３

月31日までとされていることから、原則平成21年の所得を用いるか、特例的に平成23年の所得が平成21年の所得を下回る場合には、平成23年の所得を用いることとなる。被害の甚大さに鑑み、災害後に所得が下がってしまった被災者を考慮し、貸付対象を拡大するためにとられた措置である。

第2に、所得の算定の方法は市町村民税の課税所得の算定方法によることとしている。

すなわち、地方税法第313条の規定による市町村民税の所得割の課税所得と同様の算定方法によるものである。したがって、実務上は、市町村民税の課税台帳の所得額をそのまま使用できる。この所得額は、収入額から給与所得控除を行った後の額であるが、基礎控除をはじめ各種の所得控除については考慮していない。

これは、本制度の所得制限がその世帯の負担能力を判定する目的でなく、所得水準を判定するためのものであるので、所得控除を行うような特殊事情は捨象していることと被災状況にある行政の負担軽減を考慮した結果である。

次に、世帯における所得を合算した額と比較すべき「政令で定める額」は、世帯人員が1人であるときは220万円、2人であるときは430万円、3人であるときは620万円、4人であるときは730万円、5人であるときは730万円にその世帯員のうち4人を除いた残り1人につき30万円を加算した額である。

なお、この限度額は所得の伸びに応じて、引き上げられることになるが、直近での改正は平成10年改正の際に行われたものである。

また、所得合算の基礎となる世帯構成員は、災害時を基準とすべきである。したがって、災害で世帯主が死亡し、新しい世帯主を立てて、貸付けを申し込んだような場合には、死亡した旧世帯主の所得は合算の対象としないものと解される。

④ 所得要件の認定方法

世帯の所得要件は、貸付けを行う際の前提条件として調査し、判定する必要がある。

したがって、貸付けの申込みがあったときは、申込書に記載された所得又は収入額をもとにして、市町村民税の課税台帳と照合して判定することになる。

災害時には、課税台帳との照合事務も容易ではないが、申請者本人の同意を前提として、税務主管課の協力も得ながら、迅速、的確な処理が望まれる。

更に、法第10条第１項第二号の政令で定める損害については、令第６条で次のように規定している。

（法第10条第１項第二号に規定する政令で定める損害）

第６条　法第10条第１項第二号に規定する政令で定める相当程度の住居又は家財の損害は、被害金額が当該住居又は家財の価額のおおむね３分の１以上である損害とする。

災害援護資金の貸付けの対象となる場合は、自然災害による被害であって、（1）療養に要する期間がおおむね１か月以上である世帯主の負傷、（2）住居又は家財の被害であって、被害額が当該住居又は家財の価額のおおむね３分の１以上である損害の場合である。

世帯主の負傷については、医師の診断書により確認しなければならない。

住居又は家財の損害については、当該損害を受けた住居又は家財につき、現在購入するとした場合の価額により３分の１以上の損害額を算定することを原則とする。

なお、東日本大震災については、甚大な被害であったために、自家用車がなければ遠方への買い出し等の日常生活ができないような状況が生じていたことから、「東日本大震災に係る災害援護資金貸付の取扱いについて」(平成23年５月25日社援総発0525第１号各都道府県・指定都市災害援護資金主幹部（局）長あて厚生労働省社会・援護局総務課長通知）により、特別に家財に自家用車を含めて算定することとなっている。

この場合、住居の被害については、「災害の被害認定基準について」

（平成 13 年６月 28 日府政防第 518 号警察庁警備局長、消防庁次長、厚生労働省社会・援護局長、中小企業庁次長、国土交通省住宅局長あて内閣府政策統括官（防災担当）通知）に規定する被害の認定基準による住家全壊及び住家半壊を損害として取扱うものとする。

住居又は家財の損害は、その者の所有に係る住居又は家財の損害であることを原則とするが、住居が全壊して、引き続き居住できなくなった場合は、借家の場合についても該当するものとして差し支えないものである。

第２項について

災害援護資金の貸付限度額については、令第７条第１項において次のように定めている。

（災害援護資金の限度額及び償還方法）

第７条　法第 10 条第２項に規定する限度額は、350 万円とする。ただし、内閣総理大臣が被害の種類及び程度を勘案して定める場合は、270 万円、250 万円、170 万円又は 150 万円とする。

内閣総理大臣の定める場合及びその場合の災害援護資金の限度額は、「災害弔慰金の支給が行われる災害の範囲等」（平成 25 年 10 月１日内閣府告示第 230 号）の第４号に定められている。

４　令第７条第１項に規定する内閣総理大臣が被害の種類及び程度を勘案して定める場合は、次に掲げる場合とし、その場合における災害援護資金の限度額は、それぞれの場合に定める額とする。この場合において、被災した住居の建て直しに際し、その住居の残存部分を取り壊さなければならない等の特別の事情がある場合のロの(2)の適用については、「170 万円」とあるのは、「250 万円」とする。

イ　災害弔慰金の支給等に関する法律（昭和 48 年法律第 82 号。以下「法」という。）第 10 条第１項第一号に掲げる被害があり、かつ、次のいずれかに該当する場合

（１）法第 10 条第１項第二号に掲げる損害がない場合 150 万円

（２）法第10条第１項第二号の家財の損害があり、かつ、同号に掲げる住居の損害がない場合250万円
（３）住居が半壊した場合（被災した住居の建て直しに際し、その住居の残存部分を取り壊さなければならない等の特別の事情がある場合を除く。）270万円

ロ　法第10条第１項第一号に掲げる被害がなく、かつ、次のいずれかに該当する場合
（１）法第10条第１項第二号の家財の損害があり、かつ、同号に掲げる住居の損害がない場合150万円
（２）住居が半壊した場合170万円
（３）住居が全壊した場合（住居の全体が滅失し、若しくは流失した場合及び被災した住居の建て直しに際し、その住居の残存部分を取り壊さなければならない等の特別の事情がある場合を除く。）250万円

第３項について

償還期間については、令第７条第２項から第４項において次のように規定されている。

2　法第10条第３項に規定する償還期間は、10年とし、同項に規定する据置期間は、そのうち３年（内閣総理大臣が被害の程度その他の事情を勘案して定める場合にあつては、５年）とする。

3　災害援護資金の償還は、年賦償還、半年賦償還又は月賦償還の方法によるものとする。

4　前項の規定による災害援護資金の年賦償還、半年賦償還又は月賦償還は、それぞれ元利均等償還の方法によることを原則とする。ただし、災害援護資金の貸付けを受けた者は、いつでも繰上償還をすることができる。

【解説】

1　災害援護資金の償還期間は原則として10年であり、据置期間はそのうち3年、返済期間が7年となる。ただし、「災害弔慰金の支給が行われる災害の範囲等」（平成25年10月1日内閣府告示第230号）の第5号に規定する内閣総理大臣の定める場合に該当するときには、据置期間は5年とされ、償還は据置期間後5年間で行うこととなるものである。なお、償還期間という概念は、据置期間と返済期間を合わせた期間を指す。

本来、災害援護資金制度は、私法上の消費貸借契約であり、契約に基づく法律関係で規律される。したがって、据置期間や償還期間という用語も、本来であれば弁済期、弁済期間等の民事上の用語に置き換えても問題はないのであるが、行政上の貸付制度においては、償還期間や据置期間という用語が使用されることがあり、それに倣ったものである（沿岸漁業改善資金や農業近代化資金など）。

内閣総理大臣が被害の程度その他の事情を勘案して据置期間を5年とする場合は、次の事由に該当した場合で、市町村長が特に必要と認めた場合である。

この特例が実際に適用された事例としては、阪神・淡路大震災が挙げられる。また、東日本大震災においては、「東日本大震災に対処するための特別の財政援助及び助成に関する法律の厚生労働省関係規定の施行等に関する政令」（平成23年政令第131号）において、償還期間を13年とし、据置期間は6年（内閣総理大臣が被害の程度その他の事情を勘案して定める場合にあっては8年）とされている。

5　令第7条第2項に規定する内閣総理大臣が被害の程度その他の事情を勘案して定める場合は、次の各号のいずれかに該当し、かつ、市町村長が特に必要と認めた場合とする。

イ　災害援護資金の貸付けが行われる被害を受けた時の前1年以内に法第10条第1項の被害（自然災害以外によって生ずる被害で、

これに相当するものを含む。）を受けた場合

ロ　当該被害の原因となった災害により世帯主が死亡した場合又は世帯主が地方税法施行令（昭和25年政令第245号）第７条に規定する障害者となった場合

ハ　生活保護を受けている世帯又は市町村民税非課税世帯が被災した場合

ニ　当該被害の原因となった災害により住居が全壊した場合

２　償還方法については、年賦償還、半年賦償還又は月賦償還の方法によることを規定しており、元利均等償還によることを原則としている。

災害援護資金の貸付けに当たっては、災害援護資金の貸付けを受けた者（以下「借受人」という。）に償還方法を十分徹底し、償還が円滑に行われるよう配意する必要がある。

また実務上、返済余力が乏しい借受人に対しては、少額償還方式が取られることがある。少額償還方式とは、法第13条に基づく支払猶予を行い、利子や違約金の発生を停止したうえで、借受人等の資力状況に応じて柔軟な返済額を定める方式である。その具体的な返済額については、市町村との協議によって定められることとなる。

３　令第８条には、一時償還の規定が置かれている。

（一時償還）

第８条　市町村は、災害援護資金の貸付けを受けた者が、偽りその他不正な手段により貸付けを受けたとき、又は償還金の支払を怠つたときは、前条第２項の規定にかかわらず、当該災害援護資金の貸付けを受けた者に対し、災害援護資金の全部又は一部につき、一時償還を請求することができる。

市町村は、本条の事由に該当する場合には、借受人に対し、一時償還を請求することができる。しかし、これはあくまで裁量的行為であり、その適用については、一時償還を請求することが適当と認

められる場合に限る趣旨であることに留意する必要がある。

一時償還を請求することが適当と認められる場合の具体例としては

（１）支払能力がありながら償還を長期間怠っているとき

（２）資力を偽るなどの詐欺によって借り受けたときなど

が想定される。いずれにせよ、単に資力不足で償還金の支払いを怠った場合には、形式的には文言に当てはまるかもしれないが、資力の乏しい被災世帯の生活再建を促進するという災害援護資金の趣旨を踏まえれば、それだけで、直ちに一時償還を求めることは困難である。

4　第９条には、違約金の規定が置かれている。

（違約金）

第９条　市町村は、災害援護資金の貸付けを受けた者が支払期日に償還金又は前条の規定により一時償還すべき金額を支払わなかつたときは、延滞元利金額につき、年５パーセントの割合をもつて、支払期日の翌日から支払当日までの日数により計算した違約金を徴収する。ただし、当該支払期日に支払わないことにつき、災害その他やむを得ない理由があると認められるときは、この限りでない。

この規定は、一見すると、羈束行為のようにも読めるが、本条ただし書に記載のとおり、「災害その他やむを得ない理由」のある場合には、違約金の徴収を行わないことができる。この「災害その他やむを得ない理由」の認定は、貸付けを行った当該市町村長が行うものであるが、前述の一時償還の場合と同様、災害援護資金の趣旨を踏まえた運用を行うことが必要である。

第４項について

1　条例で定める貸付利率は災害援護資金の事務費に充てられることを想定している。すなわち貸付原資は、第 11 条及び第 12 条に基づき、国及び都道府県から無利子で貸し付けられる（指定都市の場合には３分の１は自己負担）。そのため、市町村が借受人から受け取った利息は、そのまま市町村に留保され、市町村の貸付け、債権管理及び回収の各事務の費用に充てることを想定している。

2　災害援護資金の貸付利率は、従来は一律３％であったが、平成30年度の地域の自主性及び自立性を高めるための改革の推進を図るための関係法律の整備に関する法律（平成30年法律第66号。以下「第８次地方分権一括法」という。）により、法第10条第４項により、延滞の場合を除き、その利率について年３％以内で条例で自由に定められることとなった。

3　その経緯は、昭和48年当時において、年３％の利率は世帯更生資金（現：生活福祉資金）、母子福祉資金（現：母子父子寡婦福祉資金）に例があり、公的貸付制度の中でも最低の利率であったため、災害援護資金についても３％が貸付利率として定められた。

その後、災害援護資金は、自然災害により被害を受けた、所得が一定額未満の世帯について、その生活再建のための貸付けという法の趣旨において、母子福祉資金等と同様にその資金需要に柔軟に対応できるようにするため、貸付利率の引下げが検討された。しかしながら、貸付利率の３％は運営事務費の見合いであるため、国で一律に貸付利率の低減を行うことは好ましくないとの考えから、第８次地方分権一括法において、本法の一部が改正され、市町村の判断により条例で定めることができるようにすることとされたものである。

4　「条例で定める率」についての考え方であるが、東日本大震災時の特例による災害援護資金の貸付利率（保証人を立てる場合は無利子、保証人を立てない場合は年1.5％）や、他の福祉制度における貸付金の利率を参考にすることも考えられる。加えて、貸付利率の設定に当たっては、年３％以内であることを条例に明記したうえであれば、「規則で定める率」等として、別途定めることとすることも可能である。

なお、繰り返しであるが、貸付利息は災害援護資金の事務費に充てられることに鑑み、市町村において十分慎重に検討されることが必要となる。

（都道府県の貸付け）

第11条　都道府県は、市町村(地方自治法(昭和22年法律第67号)第252条の19第1項の指定都市(以下「指定都市」という。)を除く。第13条第1項、第14条第1項、第16条、第18条及び附則第2条第1項を除き、以下同じ。)が災害援護資金の貸付けの財源として必要とする金額に相当する金額を、延滞の場合を除き無利子で、市町村に貸し付けるものとする。

2　前項の貸付金の償還期間(据置期間を含む。)は、11年を超えない範囲内で政令で定める。

【解説】

1　改正災害弔慰金法によって法第13条に償還金の支払猶予の規定を設けたこと、かつ、それに伴い条番号が繰り下がったこと、及び法附則第2条に被災者生活再建支援法附則に規定する都道府県の基金に対する資金の拠出があった日前に生じた災害に係る償還免除の特例規定（以下「被災者生活再建支援法施行前に生じた災害に係る償還免除規定」という。）を設けたことにより、条文上の市町村の定義に、地方自治法第252条の19第1項の指定都市（以下「指定都市」という。）が含まれるかどうかを明確にするために、所要の整備をしたものである。

具体的には、償還金の支払猶予を規定する法第13条第1項、償還免除を規定する法第14条第1項、報告等を規定する法第16条、市町村における合議制の機関を規定する法第18条、及び被災者生活再建支援法の施行前に生じた災害に係る償還免除規定を規定する法附則第2条第1項中の「市町村」に、指定都市が含まれることを明確にしたものである。なお、これら以外の法第11条以降の「市町村」には、指定都市は除かれている。

2　都道府県は、指定都市を除いた市町村が災害援護資金として貸し付けるために必要な財源について全額を市町村に貸し付けることとなる。都道府県は、市町村から災害援護資金の貸付状況を把握するために必要な書類及び報告を徴し、市町村に対する貸付けについて過大な貸付けとならないように留意する必要がある。

なお、都道府県が市町村に貸し付けた金額は、国の貸付けの対象となるので、都道府県は、国に対する災害援護資金国庫貸付金の申請事務についても十分配慮のうえ、市町村に対する貸付けを行わなければならない。

３　第２項が規定する、都道府県が市町村に対して貸し付ける災害援護資金の原資に係る償還期間については、令第10条において次のように規定している。

（都道府県の貸付金の償還期間）
第10条　法第11条第２項に規定する償還期間は、11年とする。

都道府県の市町村に対する貸付金の償還期間は貸付けの日から11年間であり、延滞の場合を除き無利子となっているが、その他貸付けに必要な事項については、都道府県と市町村の間の契約により行うこととなる。

なお、本条及び本規定においては、都道府県による貸付けに係る償還期間のみを定めている。そのため、実際に災害援護資金の償還が借受人から行われたか否かにかかわらず、11年目には市町村は全額を都道府県に償還する必要がある。

ただし、調整が整えば、都道府県が市町村に対して有する債権については、地方自治法施行令（昭和22年政令第16号）第171条の６第１項第五号に基づいて、市町村が借受人に対して有する債権については、地方自治法施行令第171条の６第１項第一号に基づき、履行期限の延長を行う等の対応が可能となる。阪神・淡路大震災に係る援護資金に関する府県の貸付金については、令の附則を改正し、市町が令の規定（改正前の旧令第11条第１項）により償還金の支払いを猶予したときは、地方自治法施行令第171条の６第１項の規定の適用について同項第五号に該当することとみなすことが定められた。

（国の貸付け）

第12条　国は、指定都市が災害援護資金の貸付けの財源として必要とする金額又は都道府県が前条第1項の規定により市町村に貸し付ける貸付金の額の3分の2に相当する金額を、延滞の場合を除き無利子で、指定都市又は都道府県に貸し付けるものとする。

2　前項の貸付金の償還期間(据置期間を含む。)は、12年(指定都市に対するものにあつては11年)を超えない範囲内で政令で定める。

【解説】

1　国は、指定都市が災害援護資金として貸し付けた金額又は都道府県が市町村に対し災害援護資金の貸付けに要した財源として貸し付けた金額のそれぞれ3分の2に相当する額を、指定都市又は都道府県に対し貸し付けるものである。

2　第2項で規定する、国が都道府県又は指定都市に対して貸し付ける災害援護資金貸付金又は災害援護資金の原資に係る償還期間について、令第11条において次のように規定している。

（国の貸付金の償還期間）

第11条　法第12条第2項に規定する償還期間は、12年（指定都市に対する貸付金にあつては、11年）とする。

国の貸付金の償還期間は貸付けの日から12年間（指定都市に対する貸付金については11年）とされ、延滞の場合を除き無利子である。なお、本条及び本規定においても、国による貸付けに係る償還期間のみを定めている。そのため、実際に借受人あるいは市町村からの償還が行われたか否かにかかわらず、12年目には全額を国に償還する必要がある。

ただし、調整が整えば、国が都道府県及び指定都市に対して有する債権については、国の債権の管理等に関する法律（昭和31年法律第114号。以下「債権管理法」という。）第24条第1項に基づき、履行期限の延長を行う等の対応が可能となる。阪神・淡路大震災に係る援護資金に関する国の貸付金については、令の附則を改正し、①府県が、市町（指定都市を除く。）に対し、地方自治法施行令第171条の6第1項の規定により府県の貸付金の償還期限を延長したとき、②指定都市が令の規定（改正前の旧令第11条第1項）により償還金の支払いを猶予したときは、債権管理法第24条第1項の規定の適用について同項第六号に該当するものとみなすこと等が定められた。

（償還金の支払猶予）

第13条　市町村は、災害その他政令で定めるやむを得ない理由により、災害援護資金の貸付けを受けた者が支払期日に償還金を支払うことが著しく困難になつたと認められるときは、償還金の支払を猶予することができる。ただし、災害援護資金の貸付けを受けた者が、第16条の規定により報告を求められて、正当な理由がなく報告をせず、又は虚偽の報告をしたときは、この限りでない。

2　前項の規定により償還金の支払が猶予されたときは、災害援護資金の利子の計算については、当該償還金の支払によつて償還されるべきであつた災害援護資金は、猶予前の支払期日に償還されたものとみなす。

【解説】

改正災害弔慰金法により、これまで「災害弔慰金法施行令及び東日本大震災に対処するための特別の財政援助及び助成に関する法律の厚生労働省関係規定の施行等に関する政令の一部を改正する政令」による改正前の施行令第10条において規定されていた条文を、法第13条に技術的に引き上げたものである。

第1項について

1　「償還金の支払猶予」については、「災害弔慰金法施行令及び東日本大震災に対処するための特別の財政援助及び助成に関する法律の厚生労働省関係規定の施行等に関する政令の一部を改正する政令」による改正前の施行令第10条において規定されていたが、

① 償還金の支払猶予制度は、災害援護資金の貸付けを受けた者が償還計画を考えるに当たって考慮されるうえ、少額償還方式を採用する際にも使用される重要な制度であることから、法律上明確であることが望ましいこと、

② 改正災害弔慰金法による改正後の法第16条に報告等の規定が新設され、償還金の支払いを猶予するか否かを判断するために必要と認めるときは、市町村は収入又は資産の状況について災害援護資金の貸付けを受けた者等に報告等を求めることができることとされたため、法の定める報告の前提となる規定も、法律上存在しなければならないこと、

から、改正災害弔慰金法による改正後の法第13条に償還金の支払猶予の規定を創設したものである。

2 「その他政令で定めるやむを得ない理由」については、改正後の令第12条において次のように規定している。

（償還金の支払猶予）
第12条　法第13条第1項の政令で定めるやむを得ない理由は、盗難、疾病、負傷その他市町村がやむを得ないと認める事情があることとする。

「災害その他政令で定めるやむを得ない理由」とは、盗難、疾病、負傷その他市町村がやむを得ないと認める事情があることとされているところである。

「その他市町村がやむを得ないと認める事情」は、市町村の判断によるところであるが、災害援護資金の性格上、災害援護資金の貸付けを受けた者が、経済的困窮の状態に実質的に陥っている場合や行方不明であり、資力の有無や個別事情の把握ができない場合も含まれ得るものと考えられる。

ただし、明文の法第16条の存在から、災害援護資金の貸付けを受けた者が、報告を求められたにもかかわらず、正当な理由がなく報告をせず、又は虚偽の報告をしたときは、この限りでない。

第２項について

償還金の支払いが猶予されたとき、災害援護資金の利子の計算については、当該償還金の支払いによって償還されるべきであった災害援護資金は、猶予前の支払期日に償還されたものとみなすこととされている。これについては、主債務の支払いが猶予された結果、保証債務についても同様となる。

また、「災害弔慰金の支給及び災害援護資金の貸付けに関する法律等の施行について」(昭和49年２月28日社施第34号各都道府県知事・各指定都市市長あて厚生省社会局長通達)（以下「昭和49年局長通達」という。）において定められているように、償還金の支払猶予については、

① 償還金の支払猶予期間は、１年以内とし、更にその事由が継続し、特に必要がある場合には、改めてその手続をとらせること、

償還金の支払猶予は、支払期日までに行われなければならないが、この手続をとらずに支払いを遅滞したときは、（令第９条に規定する）違約金を徴収するものであること、

② 法第13条第２項の規定は、償還金の支払いが猶予されることにより、貸付金の利子の計算に何ら影響を及ぼさないようにしようとするものであること。したがって、猶予前の支払期日に償還すべきであった金額と同額の償還金を猶予された後の支払期日に支払えば足りるものであること、

③ 支払猶予は、保証人が支払期日に当該償還金を支払うことができるか否かには関係がないものであること、

とされている。

（償還免除）

第14条　市町村は、災害援護資金の貸付けを受けた者が死亡したとき、精神若しくは身体に著しい障害を受けたため災害援護資金を償還することができなくなつたと認められるとき又は破産手続開始の決定若しくは再生手続開始の決定を受けたときは、当該災害援護資金の償還未済額の全部又は一部の償還を免除することができる。ただし、次の各号のいずれかに該当するときは、この限りでない。

一　災害援護資金の貸付けを受けた者が、第16条の規定により報告を求められて、正当な理由がなく報告をせず、又は虚偽の報告をしたとき。

二　災害援護資金の貸付けを受けた者の保証人が、当該災害援護資金の償還未済額を償還することができると認められるとき。

2　都道府県は、市町村が前項の規定により災害援護資金の償還を免除したときは、当該市町村に対し、その免除した金額に相当する額の貸付金の償還を免除するものとする。

3　国は、指定都市又は都道府県が第1項又は前項の規定により災害援護資金又は貸付金の償還を免除したときは、当該指定都市又は都道府県に対し、その免除した金額の3分の2に相当する額の貸付金の償還を免除するものとする。

【解説】

災害援護資金の免除事由を規定している。改正災害弔慰金法により、死亡・重度障害の場合に加えて、破産手続開始決定又は再生手続開始の決定を受けたときについても、市町村は災害援護資金の償還未済額の全部又は一部の償還を免除することができることとしたものである。

第1項について

1　災害援護資金の免除事由は、

①災害援護資金の貸付けを受けた者が死亡したとき、

② 災害援護資金の貸付けを受けた者が精神又は身体に著しい障害を受けたため災害援護資金を償還することができなくなったと認められるとき、

③ 災害援護資金の貸付けを受けた者が破産手続開始の決定又は再生手続開始の決定を受けたとき、

とされており、この場合、市町村（指定都市を含む。）は当該災害援護資金の償還未済額の全部又は一部の償還を免除することができるものである。

ただし、災害援護資金の貸付けを受けた者が、法第16条の規定により報告を求められて、正当な理由がなく報告をせず、又は虚偽の報告をしたとき、及び災害援護資金の貸付けを受けた者の保証人が、当該災害援護資金の償還未済額を償還することができると認められるときは、この限りではないこととされている。

2　免除手続については、災害援護資金の貸付けを受けた者からの申請によることを原則とする。しかし、申請すべき者がいない場合には、市町村による職権免除を妨げるものではない。なぜならば、法第14条において、死亡の場合が免除事由として明確に規定されていることから、申請を行うべき者がいない場合を法が想定しているといえるからである。ただし、法第14条により市町村において職権免除をする場合は、条例及び条例施行規則等を整備することが必要となる。

なお、昭和49年局長通達において、償還免除に関して、

① 災害援護資金の償還の免除は、保証人に償還能力があると認められる額については、償還を免除するものでなく、その保証人に償還させること、

② 償還の免除は、借受人の保証人においても、これを申請することができるものとすること、

③ 法第11条第1項（現行の法第14条第1項）に規定する「精神又は身体の著しい障害」とは、地方税法施行令第7条の15の3（現行の地方税法施行令（昭和25年政令第245号）第7

条の15の７）に規定する特別障害者の範囲とすること、

とされている。

第２項及び第３項について

災害援護資金の償還免除について、法第14条第１項に基づき、市町村が免除した場合に、都道府県が市町村に対して免除額相当額の償還を免除するものとすること、及び市町村に対する償還免除を行った都道府県に対して、国が免除額の３分の２に相当する額の償還を免除するものとすることについて定めるものである（指定都市が貸付けを行う場合は、都道府県を介することなく、国は指定都市に対して償還免除を行うこととなる。）。

論点

本人や保証人が死亡した場合に、相続人に請求することはできるのか

阪神・淡路大震災発災当時の災害弔慰金法は、法第13条（現災害弔慰金法第14条第1項）において、借受人が死亡したときは、災害援護資金の貸付けをした市町村は、貸付けに係る償還を免除することができる旨を規定している。また、同項の委任を受けた災害弔慰金法施行令第12条（現災害弔慰金法第14条第1項第二号）では、保証人が償還未済額を償還することができると認められるときはこの限りでない旨を定めている（現在は、条文の位置は異なるがその規定の内容は異なっていない。）。

しかしながら行政実務上は、借受人が死亡し、かつ、保証人に資力が十分に備わっていない場合であっても、借受人の相続人に資力がある時には、災害援護資金の免除を行わず、相続人に対して償還を求めている。また、借受人と保証人の双方が死亡している場合で、その保証人の相続人に資力がある時にも、災害援護資金の免除を行わず償還を求めるなど、災害援護資金の償還免除について慎重な運用を行っている。

こうした取扱いについて、①災害援護資金貸付けの法的性質、②借受人が死亡した場合における免除の可否、③保証人が死亡した場合における免除の可否について考察することとする。

① 災害援護資金貸付けの法的性質

災害援護資金の貸付けは、私法上の消費貸借契約であり、行政法でいう行政行為ではないことから、契約（消費貸借）に基づく法律関係で規律されている。

② 借受人が死亡した場合における免除の可否

災害援護資金に係る借入債務は、相続の対象となり（一身専属性はない）、資金の貸付けを受けた者の相続人に相続される（法第13条（現災害弔慰金法第14条第1項）の規定も、借入債務が相続されることを前提としている。）。そのうえで、災害弔慰金法施行令第12条（現災害弔慰金法第14条第1項第2号）は、「災害援護資金の貸付けを受けた者の保証人が、当該災害援護資金の償還未済額を償還することができると認められるとき」を償還免除の除外事由としているが、この趣旨は、保証人制度の実効性を

確保するためと考えられる（主たる債務を免除することによって保証債務も消滅することを防止する。）。

以上を前提に、借受人が死亡し、かつ、保証人が存在しない場合であり、相続財産法人を形成する財産も存在しないとき、あるいは保証人は存在するが、当該災害援護資金を償還できると認められる状況ではない場合について検討すると、法第13条（現災害弔慰金法第14条第１項）柱書は、「当該災害援護資金の償還未済額の全部又は一部の償還を免除することができる」と規定していることから、償還を免除することが可能な事案であっても、実際に免除を行うか否かは、市町村の裁量に委ねられていると解される。

もっとも、災害援護資金の貸付債権は市町村の財産となるものであるところ、地方財政法第８条において、「地方公共団体の財産は、常に良好の状態においてこれを管理し、その所有の目的に応じて最も効率的に、これを運用しなければならない」と規定されており、市町村は、災害援護資金の貸付けによって発生した債権の管理について、いわゆる善良な管理者としての注意義務を負っていることに留意が必要である。

したがって、市町村は、貸付けを受ける者又はその相続人の償還可能性を離れて、一律に免除を行うことは許されず、これを看過して免除すれば、善管注意義務違反の責任を問われる可能性がある。

そのため、自治体においては、法第13条（現災害弔慰金法第14条第１項）に該当する場合であっても、その回収可能性がある場合、すなわち借受人の相続人に資力が存する場合には免除を行わず、災害援護資金の回収を行うことが求められているといえるし、法第13条（現災害弔慰金法第14条第１項）も、そのことを許容しているということができる。

③ 保証人が死亡した場合における免除の可否

上記①のとおり、災害援護資金の貸付けは私法上の消費貸借契約と解されるところ、上記②のとおり、災害援護資金の貸付けに伴う借入債務が一身専属性を持つと解することはできず、保証債務についても相続性を否定する根拠は見当たらない。したがって、保証債務は保証人の相続人に包括承継され、当該相続人が保証債務を負担することとなるのであり、その場合の規律については、保証人が存在する場合と同様の規律が適用されることとなる（上記②参照）。

（貸付金の償還方法）

第 15 条　市町村は、都道府県からの貸付金の償還期間の終期前１年までの間は、災害援護資金の償還を受けたときに、政令の定めるところにより、償還を受けた金額（利子及び延滞利子に係る金額を除く。第３項において同じ。）に相当する金額を都道府県に償還するものとする。

２　都道府県は、国からの貸付金の償還期間の終期前１年までの間は、前項の規定により貸付金の償還を受けたときに、政令の定めるところにより、償還を受けた金額の３分の２に相当する金額を国に償還するものとする。

３　指定都市は、国からの貸付金の償還期間の終期前１年までの間は、災害援護資金の償還を受けたときに、政令の定めるところにより、償還を受けた金額の３分の２に相当する金額を国に償還するものとする。

【解説】

１　改正災害弔慰金法により、法第 13 条の償還金の支払猶予が新たに規定されたことに伴い、条番号を繰り下げるものである。条番号を第 14 条から第 15 条に繰り下げた法技術的な改正であり、規定内容を改正するものではない。

２　市町村が都道府県へ貸付金を償還する方法について、令第 13 条では次のように規定している。

（法第 15 条の規定による貸付金の償還方法）

第 13 条　法第 15 条の規定による貸付金の償還は、毎年度４月１日から９月 30 日までの間に償還を受けた金額については、当該年度の３月 31 日までに、毎年度 10 月１日から３月 31 日までの間に償還を受けた金額については、翌年度の９月 30 日までに、それぞれその期間ごとにとりまとめて行うものとする。

市町村は、借受人から、年度の前半に償還を受けた金額については、当該年度の末日までに、年度の後半に償還を受けた金額については、翌年度の9月30日までにそれぞれ一括して、都道府県に対し償還を行うものである。

3　貸付金の償還は、償還期間の終期前1年までは、都道府県及び指定都市は償還を受けた金額の3分の2に相当する額を国に償還するものである。

4　国への償還金については、指定都市及び都道府県はそれぞれ償還された償還金の3分の2の金額に相当する償還金を、6か月の猶予をおいて国に償還することとするものである。

（報告等）

第16条　市町村は、この法律の規定により、償還金の支払を猶予し、又は災害援護資金の償還未済額の全部若しくは一部の償還を免除するか否かを判断するために必要があると認めるときは、災害援護資金の貸付けを受けた者又はその保証人の収入又は資産の状況について、災害援護資金の貸付けを受けた者若しくはその保証人に報告を求め、又は官公署に対し必要な文書の閲覧若しくは資料の提供を求めることができる。

【解説】

1　改正災害弔慰金法により、「報告」の規定が設けられた。

「報告」の趣旨は、市町村が、償還金の支払猶予や償還免除をするか否かを判断するに当たり、災害援護資金の貸付けを受けた者又はその保証人の収入又は資産の状況を把握できるようにすることで、その者の資力状況に応じた適切な対応を可能とすることにある。

2　市町村は、法第13条第1項に規定する償還金の支払猶予、又は法第14条第1項及び法附則第2条第1項に規定する償還免除をするか否かを判断するために必要があると認めるときは、災害援護資金の貸付けを受けた者又はその保証人の収入又は資産の状況について、借受人・保証人に報告を求め、官公署に対し必要な文書の閲覧又は資料の提供を求めることができる。これにより、償還金の支払猶予や償還免除をするか否かを市町村が判断する際、真に資力がないかどうか等を確認でき、客観的な判断を下すことを可能とするものである。

法第11条及び第12条のとおり、市町村が貸し出す災害援護資金の原資は都道府県又は国からの貸付金であり、その償還義務は、災害援護資金の借受人等からの償還の有無とはかかわりがない。一方、法第14条に基づいて償還の免除を行った場合には、当該免除額に係る貸付金の都道府県又は国への償還義務についても免除される。そのため、市町村において迅速に免除事務を執行することが、市町村及び都道府県の過剰な負担を抑える観点から重要であり、本規定はその観点から設けられたものである。

そして、本条の規定により、災害援護資金の貸付けを受けた者が報告を求められたにもかかわらず、正当な理由がなく報告をしない、又は虚偽の報告をしたときは、市町村は法第13条に規定する償還金の支払猶予、又は法第14条及び法附則第２条に規定する償還免除をしないことができることとなっており、実質的に借受人に対して報告義務を課していると解される。

このように、本条の規定は法第13条に規定する償還金の支払猶予、又は法第14条及び法附則第２条に規定する償還免除と連動している点で地方自治法第221条第２項に定められている一般的な調査権とは異なっている。

3　「官公署に対し必要な文書の閲覧若しくは資料の提供」の対象となる情報等としては、生活保護受給の有無に関する情報や年金受給情報などが挙げられ、併せて、地方税情報についても求めることができるものである。

地方税情報を求める場合であっても、申請時などに、既にその提供に係る「本人同意」がある場合は、本条に基づく調査権限の行使がなくとも、他の市町村が保有するものを含め、地方税情報の閲覧等は可能である。そのため、災害援護資金の貸付け時、又は支払猶予・免除申請時において、借受人及び保証人の「本人同意」を申請時等に取り付けるようにすることが望ましい。このため、本条の調査権限が行使される場面としては、借受人が行方不明・徴収困難等の状況により「本人同意」がとれない場合や、「本人同意」から相当期間が経過したことにより、当初の同意のまま調査を継続することが不適当である場合、相続人が償還債務を引き継いだ場合などを想定しているものである。

なお、本条に基づく報告等の権限は、償還金の支払猶予又は償還免除を目的とする場合に限定されるとともに、報告等で得た情報については他目的の行政事務への流用は認められていない。そのため、債権回収を主目的とした資力調査のために本条を使用することは許されない。一方で、免除事由の有無を判断するために調査を行った結果、資力があることが判明し、債権回収を実施することまでは妨げられない。

また、地方自治法施行令第171条の7第1項による無資力免除も含め、償還免除をした者（その保証人であった者も含む。）に対しては、本条の規定に基づく報告等の権限は行使できない。

（政令への委任）

第17条　第10条から前条までに規定するもののほか、災害援護資金の貸付方法、貸付条件その他災害援護資金の貸付け（これに係る都道府県及び国の貸付金の貸付けを含む。）に関し必要な事項は、政令で定める。

【解説】

改正災害弔慰金法により、法第13条の償還金の支払猶予及び法第16条の報告等が新たに規定されたことに伴い、条番号を繰り下げるものである。条番号を第15条から第17条に繰り下げた法技術的な改正であり、規定内容を改正するものではない。

本条は、現状、法律によって政令委任されていない事項について、必要に応じて、政令で定めることができることを規定したものである。

第5章　雑　則

（市町村における合議制の機関）

第18条　市町村は、災害弔慰金及び災害障害見舞金の支給に関する事項を調査審議するため、条例の定めるところにより、審議会その他の合議制の機関を置くよう努めるものとする。

【解説】

1　市町村に、災害弔慰金及び災害障害見舞金の支給に関する事項を調査審議するため、審議会等を設置するよう努力義務を課した規定である。

2　従来より市町村が災害弔慰金及び災害障害見舞金を支給するに当たり、自然災害による死亡であるか否かの判定（災害関連死の判定を含む。）が困難な場合等には、医師や弁護士等の有識者による審査会等を設置し、当該審査会における審査を経て判定しているところである。

この審査会については、それぞれの市町村が単独で設置する方法のほか、地方自治法第252条の14第1項の規定に基づき、市町村が、都道府県との協議により規約を定め、都道府県に審査会の設置及び運営を委託することも差し支えない。

しかし、都道府県に審査会の設置及び運営を委託した場合、支給決定までに時間がかかることも考えられることから、支給決定の迅速化の観点等から市町村ごとに審議会その他の合議制の機関を置くよう努めることとしたものである。

このほかにも東日本大震災の際には、単独市町村のみではなく、一部事務組合に審査会の設置及び運営を委託することが行われた。

3　なお、阪神・淡路大震災以降に設置された災害弔慰金及び災害障害見舞金に係る支給審査委員会（合議制の機関）の構成例は、以下のとおりである。

- 委員の総数は4～7人

・委員構成職種等
医師（１～４人）
診療科目例：内科、外科、精神科、整形外科、司法監察医
弁護士（１～３人）
市職員（１人）
担当部長等
その他
大学教授、医療ソーシャルワーカー、ソーシャルワーカー等

（制度の周知徹底）

第19条　国は、災害弔慰金及び災害障害見舞金の支給並びに災害援護資金の貸付けの申請の機会が確保されるよう、災害弔慰金及び災害障害見舞金の支給並びに災害援護資金の貸付けに関する制度の周知徹底を図るものとする。

【解説】

改正災害弔慰金法により、災害弔慰金及び災害障害見舞金の支給、災害援護資金の貸付けの申請機会が確保されるよう、国に各種制度の周知徹底を図ることを求めるものである。具体的には、国はホームページ等で制度概要を周知することに加え、市町村における周知について助言・支援等を行うものである。

附　則

（施行期日等）

第１条　この法律は、政令で定める昭和49年４月１日以前の日から施行し、昭和48年７月16日以後に生じた災害に関して適用する。

【解説】

1　令和元年の改正災害弔慰金法により、法附則第２条以下が新たに規定されたことに伴い、条番号を新たに付与するものである。法附則第１項を法附則第１条に改正した法技術的な改正であり、規定内容を改正するものではない。

2　法附則第１条は、法の施行期日を政令で定める昭和49年４月１日以前の日（法の施行日は昭和49年１月１日）とするとともに、法を適用する災害を昭和48年７月16日以後に生じた災害と定めるものである。

（被災者生活再建支援法附則に規定する都道府県の基金に対する資金の拠出があつた日前に生じた災害に係る償還免除の特例）

第２条　市町村は、被災者生活再建支援法（平成10年法律第66号）附則に規定する都道府県の基金に対する資金の拠出があつた日として内閣総理大臣が告示する日前に生じた災害に係る災害援護資金について、当該災害援護資金の貸付けを受けた者がその収入及び資産の状況により当該災害援護資金を償還することが著しく困難であると認められる場合として内閣府令で定める場合には、当該災害援護資金の償還未済額の全部又は一部の償還を免除することができる。ただし、災害援護資金の貸付けを受けた者が、第16条の規定により報告を求められて、正当な理由がなく報告をせず、又は虚偽の報告をしたときは、この限りでない。

2　都道府県は、市町村が前項の規定により災害援護資金の償還を免除したときは、当該市町村に対し、その免除した金額に相当する額の貸付金の償還を免除するものとする。

> **３**　国は、指定都市又は都道府県が第１項又は前項の規定により災害援護資金又は貸付金の償還を免除したときは、当該指定都市又は都道府県に対し、その免除した金額の３分の２に相当する額の貸付金の償還を免除するものとする。

【解説】

本条の趣旨

１　改正災害弔慰金法により、被災者生活再建支援法附則に規定する都道府県の基金に対する資金の拠出があった日前に生じた災害に係る償還免除の特例を設けたものである。

２　被災者生活再建支援法は、平成10年に制定された法律であり、一定の被災者に対して生活再建支援金を支給することを内容としている。そしてその制定前においては、多くの被災者が借入形式の災害援護資金に頼っての生活再建を余儀なくされていた。

３　このことを踏まえ、市町村は、被災者生活再建支援法の施行前に生じた災害に係る災害援護資金について、当該災害援護資金の貸付けを受けた者がその収入及び資産の状況により、当該災害援護資金を償還することが著しく困難であると認められる場合であって「災害弔慰金の支給等に関する法律の規定に基づく災害援護資金の償還免除に関する内閣府令（令和元年内閣府令第22号。以下「償還免除令」という。）」で定める要件に該当する場合には、当該災害援護資金の償還未済額の全部又は一部の償還を免除することができることとするものである。

　また、市町村が免除したときは、都道府県及び国の原資貸付金を免除するものとしている（指定都市が免除したときは、国の原資貸付金を免除）。

第１項について

　被災者生活再建支援法の施行前に生じた災害に係る償還免除規定を定めるものであり、市町村が償還免除令第１条（法附則第２条第１項の内閣府令で定める場合）に定める要件に該当する場合、災害援護資金の貸付けを受けた者の償還未済額の全部又は一部の償還を免除することができるものである。

償還免除令第１条の内容は、以下のとおりである。

① 所得基準

災害援護資金の貸付けを受けた者の収入金額（当該災害援護資金の償還を免除する年の前年の所得（当該免除を１月から５月までの間にする場合にあっては、前前年の所得）について令第４条の規定の例により算定した所得の金額をいう。）から租税その他の公課の金額を控除した金額が、150万円未満であること。

② 資産基準

災害援護資金の貸付けを受けた者の資産の状況が、次に掲げる状態にあること。

ⅰ）償還に充てることができる居住の用に供する土地及び建物以外の資産を保有していないと認められること。

ⅱ）預貯金の金額（生活費の入金等を控除した金額をいう。）が、20万円以下であること。

免除手続については、災害援護資金の貸付けを受けた者の申請によることを原則とするが、申請すべき者がいない場合には、市町村による職権免除を妨げるものではない。職権免除をする場合としては、例えば、相続人がいない場合が考えられる。この場合、私法上の関係としては災害援護資金に係る債務は当然に消滅するが、市町村と都道府県・国との間では、災害援護資金に係る貸付原資の償還義務はなお残るため、行政の内部的な手続として職権免除の手続を行い、貸付原資の償還義務についても免除させることが必要になる。なお、法附則第２条により、市町村において職権免除をする場合は、条例及び条例施行規則等を整備することが必要となる。

また、本規定に基づく償還の免除は、昭和49年局長通知の例に倣い、借受人の保証人においても、これを申請することができる。

なお、改正災害弔慰金法附則第３条により、「改正災害弔慰金法の施行前に市町村（特別区を含む。）が地方自治法の規定によりした免除(地方自治法施行令第171条の7第1項に規定する無資力要件免除)であって、法附則第2条第1項に規定する被災者生活再建支援法の施行前に生じた災害に係る償還免除規定に該当する場合は、法附則第2条の規定による免除とみなす」こととされている。この規定は、平成27年に、神戸市が阪神・淡路大震災に係る災害援護資金について免除を行ったことを対象としている。

＊上記「① 所得基準」について

- 所得基準を定めるものであり、64歳（神戸市における平成26年度時点の未償還平均年齢）の生活保護扶助費を参考に設定したものである。

  「総所得－公租公課＜150万円」としたのは、生活保護においても、医療扶助、介護扶助、教育扶助や障害者加算等がされていること、市町村における免除作業の効率性を考慮し、所得・年金控除後の所得ベースの金額としたものである。また、総所得の金額から公租公課を除いた金額としたのは、生活保護扶助費に公租公課が課されていないことを考慮したものである。

  なお、総所得は、世帯収入ではなく、災害援護資金の貸付けを受けた者の個人の所得である。これは、災害援護資金の貸付けの際は災害を受けた世帯に対して貸し出すものである一方、債務としては借受人自身が負うものであることから、免除の段階では個人の所得に注目するものである。

- 令第4条においては、所得の算定は、当該被害を受けた年の前年の所得（当該被害を1月から5月までの間に受けた場合にあっては、前前年の所得）について行うものとし、その額は、その所得が生じた年の翌年の4月1日の属する年度分の地方税法（昭和25年法律第226号）第5条第2項第一号に掲げる市町村民税（特別区が同法第1条第2項の規定によって課する同法第5条第2項第一号に掲げる税を含む。）に係る同法第313条第1項に規定する総所得金額、退職所得金額及び山林所得金額、同法附則第33条の3第5項に規定する土地等に係る事業所得等の金額、同法附則第34条第4項に規定する長期譲渡所得の金額、同法附則第35条第5項に規定する短期譲渡所得の金額、同法附則第35条の4第4項に規定する先物取引に係る雑所得等の金額、外国居住者等の所得に対する相互主義による所得税等の非課税等に関する法律（昭和37年法律第144号）第8条第2項（同法第12条第5項及び第16条第2項において準用する場合を含む。）に規定する特例適用利子等の額、同法第8条第4項（同法第12条第6項及び第16条第3項において準用する場合を含む。）に規定する特例適用配当等の額、租税条約等の実施に伴う所得税法、法人税法及び地方税法の特例等に関する法律（昭和44年法律第46号）第3条の2の2第10項に規定する条約適用利子等の額並びに同条第12項に規定する条約適用配当等の額の合計額とされている。

- 「租税その他の公課の金額」とは、所得税、住民税、固定資産税、社会保険料をいうものである。

＊上記「② 資産基準」について

- 「償還に充てることができる居住の用に供する土地及び建物以外の資産」とは、「その処分により日常生活の維持に著しく支障を生じるものではない資産」であり、かつ、「処分価値が利用価値に比して著しく大きいと認められるもの」をいう。

　「その処分により日常生活の維持に著しく支障を生じるものではない資産」とは、基本的に利用価値が小さいものとみなされるため、売却が可能であれば、「償還に充てることができる居住の用に供する土地及び建物以外」の実物資産に該当するが、売却が著しく困難な資産については、この限りではない。

（具体例）

　その処分により、日常生活の維持に著しく支障を生じるものではない別荘等は、「償還に充てることができる居住の用に供する土地及び建物以外」の実物資産に該当するが、売却が著しく困難な土地等の資産は該当しない。

また、「処分価値が利用価値に比して著しく大きいと認められるもの」とは、基本的に他のものと代替が可能であり、処分により日常生活の維持に著しく支障を生じるものではないとみなされるが、就業等において真に必要であり、かつ、代替性のない場合においては、この限りではない。

（具体例）

処分価値が利用価値に比して著しく大きいと認められる高額な車等は、「償還に充てることができる居住の用に供する土地及び建物以外」の実物資産に該当するが、そのものを所有し続けることでしか収入を得られないような場合であれば該当しない。

- 居住の用に供する土地及び建物については、災害援護資金制度が貸付けを受けた者の生活再建の制度であることを重視して、特に資産価値が高いと認められるものを除き、資産基準に含めないこととする。これは、災害により被災した後に、自宅を再建したにもかかわらず、その自宅を売り払ってまで貸付金の返済を求めることが適当ではないからである。

  他方、特に資産価値が高いと考えられるタワーマンション等、容易に換金可能な資産を有している場合には、免除が認められない。
- 「預貯金の金額（生活費の入金等を控除した金額をいう。）」を20万円以下としたのは、破産者が生活維持のため最大限保有できる預貯金額が、兵庫県内の裁判所の運用例では20万円以下であることを考慮したものである。

  また、「預貯金の金額（生活費の入金等を控除した金額をいう。）」には、有価証券等も含まれ、いわゆる仮想通貨も含まれるものである。
- 「預貯金の金額（生活費の入金等を控除した金額をいう。）」とは、一時的な生活費の入金等、フローとみなすことができる金額を控除した金額をいう。

＊免除基準の確認方法について

- 原則として、災害援護資金の貸付けを受けた者からの申告によることとし、課税証明書、固定資産評価証明書、預金通帳等の写し（必要に応じて、用途についての申立書）等を求め、当該書面等に基づき、市町村が客観的に判断するものである。
- 既免除者や転居者等で確認の協力を得られない場合、所得基準及び資産基準（実物資産、預貯金等）の確認方法に関しては、上記との整合性を踏まえつつ、借受人の生活実態等を把握している市町村の判断に委ねることとする。

第２項及び第３項について

市町村が第１項の規定により災害援護資金の償還を免除したときは、都道府県及び国の原資貸付金を免除することを規定したものである（指定都市が免除したときは、国の原資貸付金を免除）。

（平成31年４月１日前に生じた災害に係る災害援護資金の保証債権に関する特例）

第３条　平成31年４月１日前に生じた災害に係る災害援護資金の貸付けを受けた者の保証人に対して有する権利について、市町村が、当該災害援護資金の償還期間の終期から10年を経過した後に地方自治法の規定により議会の議決を経て当該権利を放棄したときは、都道府県は、当該市町村に対し、当該保証人の保証を受けた者であつて内閣府令で定める事由があるものの災害援護資金の償還未済額に相当する額の貸付金の償還を免除するものとする。

２　国は、都道府県が前項の規定により貸付金の償還を免除したときは、当該都道府県に対し、その免除した金額の３分の２に相当する額の貸付金の償還を免除するものとする。

３　平成31年４月１日前に生じた災害に係る災害援護資金の貸付けを受けた者の保証人に対して有する権利について、指定都市が、当該災害援護資金の償還期間の終期から10年を経過した後に地方自治法の規定により議会の議決を経て当該権利を放棄したときは、国は、当該指定都市に対し、当該保証人の保証を受けた者であつて第1項の内閣府令で定める事由があるものの災害援護資金の償還未済額の3分の2に相当する額の貸付金の償還を免除するものとする。

【解説】

本条の趣旨

1　改正災害弔慰金法により、平成31年4月1日前に生じた災害に係る災害援護資金の保証債権に関する特例を設けたものである。

2　災害弔慰金の支給等に関する法律施行令の一部を改正する政令（平成31年政令第16号）により、改正前の令第8条（保証人）については削除されることとなった。これにより、平成31年4月1日以降に生じた災害については、災害援護資金の貸付けに際して、保証人を必ず立てるという要件は撤廃され、保証人の要否は市町村の定める条例に委ねられたところである。

本条はこのことを踏まえ、平成31年4月1日前に生じた災害については保証人が必須であったことに鑑み、平成31年4月1日前に生じた災害に係る災害援護資金の保証債権の免除に関する特例を定めるものである。

3　具体的には、平成31年4月1日前に生じた災害に係る災害援護資金の貸付けを受けた者の保証人に対して有する権利について、市町村が、当該災害援護資金の償還期間の終期から10年を経過した後に地方自治法の規定により議会の議決を経て当該権利を放棄することができることを明記するとともに、市町村が当該権利を放棄したときは、当該保証人の保証を受けた者であって償還免除令で定める事由に該当する場合には、災害援護資金の償還未済額に相当する額の都道府県及び国の原資貸付金を免除することとしたものである。

第１項について

1　平成31年４月１日前に生じた災害に係る災害援護資金の貸付けを受けた者の保証人に対して有する権利について、市町村が、当該災害援護資金の償還期間の終期から10年を経過した後に地方自治法第96条第１項第10号の規定により議会の議決を経て当該権利を放棄できることを明記するとともに、当該保証人の保証を受けた者であって償還免除令第２条で定める事由に該当する場合には、災害援護資金の償還未済額に相当する額の都道府県の原資貸付金を免除するものである。

償還免除令第２条の事由は、内閣総理大臣及び都道府県知事が次のいずれにも該当すると認めた場合である（指定都市にあっては都道府県知事の認めは不要である。）。

① 平成31年４月１日前に生じた災害に係る災害援護資金の貸付けを受けた者の保証人に対して有する権利（以下「保証債権」という。）の放棄の際において、当該保証人が災害援護資金の貸付けを受けた者に代わり当該災害援護資金を継続的にかつ現に償還しており、かつ、当該償還が完了していないこと。

② 災害援護資金の貸付けを受けた者が法第14条第１項及び附則第２条第１項に規定する償還を免除することができる場合に該当しないこと（法第14条第１項及び附則第２条第１項で免除することができるものについては、その条文の適用を優先して免除すべきであるとの趣旨）。

なお、改正災害弔慰金法附則第４条により、「改正災害弔慰金法の施行前に市町村（指定都市及び特別区を含む。）が平成31年４月１日前に生じた災害に係る災害援護資金の貸付けを受けた者の保証人に対して有する権利について、当該災害援護資金の償還期間の終期から10年を経過した後に地方自治法の規定により議会の議決を経て当該権利を放棄したときにも適用する」こととされている。これは平成29年９月に保証債権放棄を行った神戸市を見据えて規定されたものである。

なお、本規定は、10年が経過しない間に、地方自治法第96条第１項第十号に基づく債権放棄を認めない趣旨ではなく、一定の要件の下での放棄について、国及び都道府県からの貸付金の免除も併せて行われることを定めたものである。

＊上記①について

- 「当該保証人が災害援護資金の貸付けを受けた者に代わり当該災害援護資金を継続的にかつ現に償還」とは、市町村が議会の議決により保証債権を放棄した際において、当該保証人が災害援護資金の貸付けを受けた者に代わり、当該災害援護資金を「継続的かつ長期」にわたり償還している状況を念頭に置いている。

  したがって、市町村が保証債権を放棄する直前に保証人に償還を求めた場合や、継続的かつ長期にわたって償還したとは認められない場合（たとえば、意図的に１回だけ保証人に少額償還をさせた場合）等は、免除の事由に該当しない。

- 内閣総理大臣の承認に当たっての基準は、以下の全てを充たす場合とする。

  ⅰ）対象となる災害援護資金の貸付けを受けた者は、行方不明者又は徴収困難者（正当な理由なく償還を拒否し又は不当に償還を遅延させる者、矯正施設に収容されている者を除く。）に限る。

  ⅱ）市町村が、対象となる災害援護資金の貸付けを受けた者に係る災害援護資金の償還未済額に相当する額を免除又は放棄すること。

  ⅲ）市町村において、法第16条に基づく報告等の権限を行使し、最低でも年１回は行方不明や徴収困難の借受人の現況調査を実施していること（改正災害弔慰金法施行前にあっては、何らかの方法により最低でも年１回は行方不明や徴収困難の借受人の現況調査を実施してきた実績があること。）。

  ⅳ）災害援護資金の保証人が、次のいずれかの免除要件に該当する場合であること。

イ　被災者生活再建支援法の施行前に生じた災害の場合、地方自治法施行令第171条の7第1項又は法附則第2条第1項の免除要件

ロ　被災者生活再建支援法の施行後に生じた災害の場合、地方自治法施行令第171条の7第1項の免除要件

第2項及び第3項について

都道府県が第1項の規定により原資貸付金を免除したときは、国の原資貸付金を免除することを規定したものである。

平成31年4月1日前に生じた災害に係る災害援護資金の貸付けを受けた者の保証人に対して有する権利について、指定都市が、当該災害援護資金の償還期間の終期から10年を経過した後に地方自治法の規定により議会の議決を経て当該権利を放棄できることを明記するとともに、当該保証人の保証を受けた者であって償還免除令第2条で定める事由に該当する場合には、災害援護資金の償還未済額に相当する額の国の原資貸付金を免除することを規定したものである。

なお、「当該保証人が災害援護資金の貸付けを受けた者に代わり当該災害援護資金を継続的にかつ現に償還」の考え方及び内閣総理大臣の承認に当たっての基準は、市町村と同様、「＊上記①について」に基づくものとする。

(財務大臣との協議)

第4条　内閣総理大臣は、附則第2条第1項又は前条第1項の内閣府令を定めようとするときは、財務大臣に協議しなければならない。

【解説】

改正災害弔慰金法により、内閣総理大臣は、法附則第2条第1項又は附則第3条第1項の償還免除令を定めようとするときは、財務大臣に協議することとしたものである。

なお、改正災害弔慰金法附則第1条ただし書及び附則第2条により、

内閣総理大臣は、償還免除令を定めようとするときは、改正災害弔慰金法の施行日前であっても、財務大臣に協議することができるものとしている。

第4部

資料編

法　令

○災害弔慰金の支給等に関する法律

［制定：昭和48年9月18日法律第82号
最終改正：令和元年6月7日法律第27号］

目次

第1章　総則

（趣旨）

第1条　この法律は、災害により死亡した者の遺族に対して支給する災害弔慰金、災害により精神又は身体に著しい障害を受けた者に対して支給する災害障害見舞金及び災害により被害を受けた世帯の世帯主に対して貸し付ける災害援護資金について規定するものとする。

（定義）

第2条　この法律において「災害」とは、暴風、豪雨、豪雪、洪水、高潮、地震、津波その他の異常な自然現象により被害が生ずることをいう。

第2章　災害弔慰金の支給

（災害弔慰金の支給）

第3条　市町村（特別区を含む。以下同じ。）は、条例の定めるところにより、政令で定める災害（以下この章及び次章において単に「災害」という。）により死亡した住民の遺族に対し、災害弔慰金の支給を行うことができる。

2　前項に規定する遺族は、死亡した者の死亡当時における配偶者（婚姻の届出をしていないが事実上婚姻関係と同様の事情にあつた者を含み、離婚の届出をしていないが事実上離婚したと同様の事情にあつた者を除く。）、子、父母、孫及び祖父母並びに兄弟姉妹（死亡した者の死亡当時その者と同居し、又は生計を同じくしていた者に限る。以下この項において同じ。）の範囲とする。ただし、兄弟姉妹にあつては、当該配偶者、子、父母、孫又は祖父母のいずれもが存しない場合に限る。

3　災害弔慰金の額は、死亡者1人当たり500万円を超えない範囲内で死亡者のその世帯における生計維持の状況等を勘案して政令で定める額以内とする。

（災害による死亡の推定）

第4条　災害の際現にその場にいあわせた者につき、当該災害のやんだ後3月間その生死がわからない場合には、災害弔慰金に関する規定の適用については、その者は、当該災害によつて死亡したものと推定する。

（支給の制限）

第5条　災害弔慰金は、その災害による死亡がその死亡した者の故意又は重大な過失によるものである場合その他これを支給することが不適当と認められる政令で定める場合には、支給しない。

（譲渡等の禁止）

第5条の2　災害弔慰金の支給を受けることとなつた者の当該支給を受ける権利は、譲り渡し、担保に供し、又は差し押さえることができない。

2　災害弔慰金として支給を受けた金銭は、差し押さえることができない。

（非課税）

第6条　租税その他の公課は、災害弔慰金として支給を受ける金銭を標準として、課することができない。

（費用の負担）

第7条　都道府県は、災害弔慰金に要する費用につき、その4分の3を負担するものとする。

2　国は、前項の規定により都道府県が負担する費用につき、その3分の2を負担するものとする。

第3章　災害障害見舞金の支給

（災害障害見舞金の支給）

第8条　市町村は、条例の定めるところにより、災害により負傷し、又は疾病にかかり、治つたとき（その症状が固定したときを含む。）に精神又は身体に別表に掲げる程度の障害がある住民（次項において「障害者」という。）に対し、災害障害見舞金の支給を行うことができる。

2　災害障害見舞金の額は、障害者1人当たり250万円を超えない範囲内で障害者のその世帯における生計維持の状況を勘案して政令で定める額以内とする。

（準用規定）

第9条　第5条から第7条までの規定は、災害障害見舞金について準用する。

第4章　災害援護資金の貸付け

（災害援護資金の貸付け）

第10条　市町村は、条例の定めるところにより、その区域内において災害救助法（昭和22年法律第118号）による救助の行われる災害その他の政令で定める災害により次に掲げる被害を受けた世帯で政令の定めるところにより算定したこれに属する者の所得の合計額が政令で定める額に満たないものの世帯主に対し、生活の立て直しに資するため、災害援護資金の貸付けを行うことができる。

一　療養に要する期間がおおむね1月以上である世帯主の負傷

二　政令で定める相当程度の住居又は家財の損害

2　災害援護資金の1災害における1世帯当たりの限度額は、政令で定める。

3　災害援護資金の償還期間（据置期間を含む。）は、10年を超えない範囲内で政令で定める。

4　災害援護資金は、据置期間中は無利子とし、据置期間経過後は、延滞の場合を除き、その利率を年3パーセント以内で条例で定める率とする。

（都道府県の貸付け）

第11条　都道府県は、市町村（地方自治法（昭和22年法律第67号）第252条の19第1項の指定都市（以下「指定都市」という。）を除く。第13条第1項、第14条第1項、第16条、第18条及び附則第2条第1項を除き、以下同じ。）が災害援護資金の貸付けの財源として必要とする金額に相当する金額を、延滞の場合を除き無利子で、市町村に貸し付けるものとする。

2　前項の貸付金の償還期間（据置期間を含む。）は、11年を超えない範囲内で政令で定める。

（国の貸付け）

第12条　国は、指定都市が災害援護資金の貸付けの財源として必要とする金額又は都道府県が前条第1項の規定により市町村に貸し付ける貸付金の額の3分の2に相当する金額を、延滞の場合を除き無利子で、指定都市又は都道府県に貸し付けるものとする。

2　前項の貸付金の償還期間（据置期間を含む。）は、12年（指定都市に対するものにあつては11年）を超えない範囲内で政令で定める。

（償還金の支払猶予）

第13条　市町村は、災害その他政令で定めるやむを得ない理由により、災害援護資金の貸付けを受けた者が支払期日に償還金を支払うことが著しく困難になつたと認められるときは、償還金の支払を猶予することができる。ただし、災害援護資金の貸付けを受けた者が、第16条の規定により報告を求められて、正当な理由がなく報告をせず、又は虚偽の報告をしたときは、この限りでない。

2　前項の規定により償還金の支払が猶予されたときは、災害援護資金の利子の計算については、当該償還金の支払によつて償還されるべきであつた災害援護資金は、猶予前の支払期日に償還されたものとみなす。

（償還免除）

第14条　市町村は、災害援護資金の貸付けを受けた者が死亡したとき、精神若しくは身体に著しい障害を受けたため災害援護資金を償還することができなくなつたと認められるとき又は破産手続開始の決定若しくは再生手続開始の決定を受けたときは、当該災害援護資金の償還未済額の全部又は一部の償還を免除することができる。ただし、次の各号のいずれかに該当するときは、この限りでない。

一　災害援護資金の貸付けを受けた者が、第16条の規定により報告を求められて、正当な理由がなく報告をせず、又は虚偽の報告をしたとき。

二　災害援護資金の貸付けを受けた者の保証人が、当該災害援護資金の償還未済額を償還することができると認められるとき。

2　都道府県は、市町村が前項の規定により災害援護資金の償還を免除したときは、当該市町村に対し、その免除した金額に相当する額の貸付金の償還を免除するものとする。

3　国は、指定都市又は都道府県が第1項又は前項の規定により災害援護資金又は貸付金の償還を免除したときは、当該指定都市又は都道府県に対し、その免除した金額の3分の2に相当する額の貸付金の償還を免除するものとする。

（貸付金の償還方法）

第15条　市町村は、都道府県からの貸付金の償還期間の終期前1年までの間は、災害援護資金の償還を受けたときに、政令の定めるところにより、償還を受けた金額（利子及び延滞利子に係る金額を除く。第3項において同じ。）に相当する金額を都道府県に償還するものとする。

2　都道府県は、国からの貸付金の償還期間の終期前1年までの間は、前項の規定により貸付金の償還を受けたときに、政令の定めるところにより、償還を受けた金額の3分の2に相当する金額を国に償還するものとする。

3　指定都市は、国からの貸付金の償還期間の終期前1年までの間は、災害援護資金の償還を受けたときに、政令の定めるところにより、償還を受けた金額の3分の2に相当する金額を国に償還するものとする。

（報告等）

第16条　市町村は、この法律の規定により、償還金の支払を猶予し、又は災害援護資金の償還未済額の全部若しくは一部の償還を免除するか否かを判断するために必要があると認めるときは、災害援護資金の貸付けを受けた者又はその保証人の収入又は資産の状況について、災害援護資金の貸付けを受けた者若しくはその保証人に報告を求め、又は官公署に対し必要な文書の閲覧若しくは資料の提供を求めることができる。

（政令への委任）

第17条　第10条から前条までに規定するもののほか、災害援護資金の貸付方法、貸付条件その他災害援護資金の貸付け（これに係る都道府県及び国の貸付金の貸付けを含む。）に関し必要な事項は、政令で定める。

第5章　雑則

（市町村における合議制の機関）

第18条　市町村は、災害弔慰金及び災害障害見舞金の支給に関する事項を調査審議するため、条例の定めるところにより、審議会その他の合議制の機関を置くよう努めるものとする。

（制度の周知徹底）

第19条　国は、災害弔慰金及び災害障害見舞金の支給並びに災害援護資金の貸付けの申請の機会が確保されるよう、災害弔慰金及び災害障害見舞金の支給並びに災害援護資金の貸付けに関する制度の周知徹底を図るものとする。

附　則

（施行期日等）

第1条　この法律は、政令で定める昭和49年4月1日以前の日から施行し、昭和48年7月16日以後に生じた災害に関して適用する。

（被災者生活再建支援法附則に規定する都道府県の基金に対する資金の拠出があつた日前に生じた災害に係る償還免除の特例）

第2条　市町村は、被災者生活再建支援法（平成10年法律第66号）附則に規定する都道府県の基金に対する資金の拠出があつた日として内閣総理大臣が告示する日前に生じた災害に係る災害援護資金について、当該災害援護資金の貸付けを受けた者がその収入及び資産の状況により当該災害援護資金を償還することが著しく困難であると認められる場合として内閣府令で定める場合には、当該災害援護資金の償還未済額の全部又は一部の償還を免除することができる。ただし、災害援護資金の貸付けを受けた者が、第16条の規定により報告を求められて、正当な理由がなく報告をせず、又は虚偽の報告をしたときは、この限りでない。

2　都道府県は、市町村が前項の規定により災害援護資金の償還を免除したときは、当該市町村に対し、その免除した金額に相当する額の貸付金の償還を免除するものとする。

3　国は、指定都市又は都道府県が第1項又は前項の規定により災害援護資金又は貸付金の償還を免除したときは、当該指定都市又は都道府県に対し、その免除した金額の3分の2に相当する額の貸付金の償還を免除するものとする。

（平成31年4月1日前に生じた災害に係る災害援護資金の保証債権に関する特例）

第3条　平成31年4月1日前に生じた災害に係る災害援護資金の貸付けを受けた者の保証人に対して有する権利について、市町村が、当該災害援護資金の償還期間の終期から10年を経過した後に地方自治法の規定により議会の議決を経て当該権利を放棄したときは、都道府県は、当該市町村に対し、当該保証人の保証を受けた者であつて内閣府令で定める事由があるものの災害援護資金の償還未済額に相当する額の貸付金の償還を免除するものとする。

2　国は、都道府県が前項の規定により貸付金の償還を免除したときは、当該都道府県に対し、その免除した金額の3分の2に相当する額の貸付金の償還を免除するものとする。

3　平成31年4月1日前に生じた災害に係る災害援護資金の貸付けを受けた者の保証人に対して有する権利について、指定都市が、当該災害援護資金の償還期間の終期から10年を経過した後に地方自治法の規定により議会の議決を経て当該権利を放棄したときは、国は、当該指定都市に対し、当該保証人の保証を受けた者であつて第1項の内閣府令で定める事由があるものの災害援護資金の償還未済額の3分の2に相当する額の貸付金の償還を免除するものとする。

（財務大臣との協議）

第4条　内閣総理大臣は、附則第2条第1項又は前条第1項の内閣府令を定めようとするときは、財務大臣に協議しなければならない。

改正附則〔昭和50年1月23日法律第1号〕～〔平成23年8月30日法律第100号〕　略

附　則〔平成30年6月27日法律第66号抄〕

（施行期日）

第1条　この法律は、公布の日から起算して1年を超えない範囲内において政令で定める日から施行する。ただし、次の各号に掲げる規定は、当該各号に定める日から施行する。

1　〔前略〕附則第11条から第13条まで、第16条及び第17条の規定　公布の日

2・3　〔略〕

4　第2条〔中略〕の規定並びに次条及び附則第3条の規定　平成31年4月1日

5　〔略〕

（災害弔慰金の支給等に関する法律の一部改正に伴う経過措置）

第2条　第2条の規定による改正後の災害弔慰金の支給等に関する法律第10条第4項の規定は、前条第4号に掲げる規定の施行の日以後に生じた災害により被害を受けた世帯の世帯主に対する災害援護資金の貸付けについて適用し、同日前に生じた災害により被害を受けた世帯の世帯主に対する災害援護資金の貸付けについては、なお従前の例による。

（処分、申請等に関する経過措置）

第11条　この法律（附則第1条各号に掲げる規定については、当該各規定。以下この条及び次条において同じ。）の施行の日前にこの法律による改正前のそれぞれの法律の規定によりされた認定等の処分その他の行為（以下この項において「処分等の行為」という。）又はこの法律の施行の際現にこの法律による改正前のそれぞれの法律の規定によりされている認定等の申請その他の行為（以下この項において「申請等の行為」という。）で、この法律の施行の日においてこれらの行為に係る行政事務を行うべき者が異なることとなるものは、附

則第2条から前条までの規定又は附則第13条の規定に基づく政令に定めるものを除き、この法律の施行の日以後におけるこの法律による改正後のそれぞれの法律の適用については、この法律による改正後のそれぞれの法律の相当規定によりされた処分等の行為又は申請等の行為とみなす。

2　この法律の施行の日前にこの法律による改正前のそれぞれの法律の規定により国又は地方公共団体の機関に対し、報告、届出その他の手続をしなければならない事項で、この法律の施行の日前にその手続がされていないものについては、附則第2条から前条までの規定又は附則第13条の規定に基づく政令に定めるもののほか、これを、この法律による改正後のそれぞれの法律の相当規定により国又は地方公共団体の相当の機関に対して報告、届出その他の手続をしなければならない事項についてその手続がされていないものとみなして、この法律による改正後のそれぞれの法律の規定を適用する。

（罰則に関する経過措置）

第12条　この法律の施行前にした行為に対する罰則の適用については、なお従前の例による。

（政令への委任）

第13条　附則第2条から前条までに規定するもののほか、この法律の施行に関し必要な経過措置（罰則に関する経過措置を含む。）は、政令で定める。

附　則〔令和元年6月7日法律第27号〕

（施行期日）

第1条　この法律は、令和元年8月1日から施行する。ただし、次条の規定は、公布の日から施行する。

（準備行為）

第2条　内閣総理大臣は、この法律による改正後の災害弔慰金の支給等に関する法律（以下「新法」という。）附則第2条第1項又は第3条第1項の内閣府令を定めようとするときは、この法律の施行の日前においても、財務大臣に協議することができる。

（経過措置）

第3条　この法律の施行前に市町村（特別区を含む。次条において同じ。）が地方自治法（昭和22年法律第67号。これに基づく命令を含む。）の規定によりした新法附則第2条第1項に規定する災害に係る災害援護資金に係る債務の免除（同項に規定する場合にされたものに限る。）は、同項の規定による免除とみなす。

第4条　新法附則第3条の規定は、この法律の施行前に、市町村が、平成31年4月1日前に生じた災害に係る災害援護資金の貸付けを受けた者の保証人に対して有する権利について、当該災害援護資金の償還期間の終期から10年を経過した後に地方自治法の規定により議会の議決を経て当該権利を放棄したときにも適用する。

（東日本大震災に対処するための特別の財政援助及び助成に関する法律の一部改正）

第5条　東日本大震災に対処するための特別の財政援助及び助成に関する法律（平成23年法律第40号）の一部を次のように改正する。

〔次のよう略〕

別表（第8条関係）

1　両眼が失明したもの

2　咀嚼《そしやく》及び言語の機能を廃したもの

3　神経系統の機能又は精神に著しい障害を残し、常に介護を要するもの

4　胸腹部臓器の機能に著しい障害を残し、常に介護を要するもの

5　両上肢をひじ関節以上で失つたもの

6　両上肢の用を全廃したもの

7　両下肢をひざ関節以上で失つたもの

8　両下肢の用を全廃したもの

9　精神又は身体の障害が重複する場合における当該重複する障害の程度が前各号と同程度以上と認められるもの

○災害弔慰金の支給等に関する法律施行令

［制定：昭和48年12月26日政令第374号
最終改正：令和元年7月19日政令第61号］

（法第3条第1項に規定する政令で定める災害）

第1条　災害弔慰金の支給等に関する法律（以下「法」という。）第3条第1項に規定する政令で定める災害は、1の市町村（特別区を含む。以下同じ。）の区域内において生じた住居の被害が内閣総理大臣が定める程度以上の災害その他これに準ずる程度の災害として内閣総理大臣が定めるものとする。

2　前項の規定により内閣総理大臣が定める住居の被害の程度は、住居の被害が生じたことにより災害救助法（昭和22年法律第118号）による救助（以下「救助」という。）を行うことができる最小の災害の当該住居の被害の程度を超えるものであつてはならない。

（法第3条第3項に規定する政令で定める額）

第1条の2　法第3条第3項に規定する政令で定める額は、死亡者が死亡当時においてその死亡に関し災害弔慰金を受けることができることとなる者の生計を主として維持していた場合にあつては500万円とし、その他の場合にあつては250万円とする。ただし、死亡者がその死亡に係る災害に関し既に災害障害見舞金の支給を受けている場合は、これらの額から当該支給を受けた災害障害見舞金の額を控除した額とする。

（法第5条に規定する政令で定める場合）

第2条　法第5条に規定する政令で定める場合は、当該死亡に関しその者が業務に従事していたことにより支給される給付金その他これに準ずる給付金で内閣総理大臣が定めるものが支給される場合とする。

（法第8条第2項に規定する政令で定める額）

第2条の2　法第8条第2項に規定する政令で定める額は、障害者が当該災害により負傷し又は疾病にかかつた当時においてその属する世帯の生計を主として維持していた場合にあつては250万円とし、その他の場合にあつては125万円とする。

（準用）

第2条の3　第2条の規定は、災害障害見舞金の支給の制限について準用する。この場合において、同条中「法第5条」とあるのは「法第9条において準用する法第5条」と、「当該死亡」とあるのは「当該障害」と読み替えるものとする。

（法第10条第1項に規定する政令で定める災害）

第3条　法第10条第1項に規定する政令で定める災害は、当該市町村をその区域に含む都道府県の区域内において生じた災害で救助が行われたものとする。

（法第10条第1項の規定による所得の算定）

第4条　法第10条第1項の規定による所得の算定は、当該被害を受けた年の前年の所得（当該被害を1月から5月までの間に受けた場合にあつては、前前年の所得）について行うものとし、その額は、その所得が生じた年の翌年の4月1日の属する年度分の地方税法（昭和25年法律第226号）第5条第2項第1号に掲げる市町村民税（特別区が同法第1条第2項の規定によつて課する同法第5条第2項第1号に掲げる税を含む。）に係る同法第313条第1項に規定する総所得金額、退職所得金額及び山林所得金額、同法附則第33条の3第5項に規定する土地等に係る事業所得等の金額、同法附則第34条第4項に規定する長期譲渡所得の金額、同法附則第35条第5項に規定する短期譲渡所得の金額、同法附則第35条の4第4項に規定する先物取引に係る雑所得等の金額、外国居住者等の所得に対する相互主義による所得税等の非課税等に関する法律（昭和37年法律第144号）第8条第2項（同法第12条第5項及び第16条第2項において準用する場合を含む。）に規定する特例適用利子等の額、同法第8条第4項（同法第12条第6項及び第16条第3項において準用する場合を含む。）に規定する特例適用配当等の額、租税条約等の実施に伴う所得税法、法人税法及び地方税法の特例等に関する法律（昭和44年法律第46号）第3条の2の2第10項に規定する条約適用利子等の額並びに同条第12項に規定する条約適用配当等の額の合計額とする。

（法第10条第1項に規定する政令で定める額）

第5条　法第10条第1項に規定する政令で定める額は、同1の世帯に属する者が1人であるときは220万円、2人であるときは430万円、3人であるときは620万円、4人であるときは730万円、5人以上であるときは730万円にその世帯に属する者のうち4人を除いた者1人につき30万円を加算した額とする。ただし、その世帯の住居が滅失した場合にあつては、1270万円とする。

（法第10条第1項第2号に規定する政令で定める損害）

第6条　法第10条第1項第2号に規定する政令で定める相当程度の住居又は家財の損害は、被害金額が当該住居又は家財の価額のおおむね3分の1以上である損害とする。

（災害援護資金の限度額及び償還方法）

第7条 法第10条第2項に規定する限度額は、350万円とする。ただし、内閣総理大臣が被害の種類及び程度を勘案して定める場合は、270万円、250万円、170万円又は150万円とする。

2 法第10条第3項に規定する償還期間は、10年とし、同項に規定する据置期間は、そのうち3年（内閣総理大臣が被害の程度その他の事情を勘案して定める場合にあつては、5年）とする。

3 災害援護資金の償還は、年賦償還、半年賦償還又は月賦償還の方法によるものとする。

4 前項の規定による災害援護資金の年賦償還、半年賦償還又は月賦償還は、それぞれ元利均等償還の方法によることを原則とする。ただし、災害援護資金の貸付けを受けた者は、いつでも繰上償還をすることができる。

（一時償還）

第8条 市町村は、災害援護資金の貸付けを受けた者が、偽りその他不正な手段により貸付けを受けたとき、又は償還金の支払を怠つたときは、前条第2項の規定にかかわらず、当該災害援護資金の貸付けを受けた者に対し、災害援護資金の全部又は一部につき、一時償還を請求することができる。

（違約金）

第9条 市町村は、災害援護資金の貸付けを受けた者が支払期日に償還金又は前条の規定により一時償還すべき金額を支払わなかつたときは、延滞元利金額につき、年5パーセントの割合をもつて、支払期日の翌日から支払当日までの日数により計算した違約金を徴収する。ただし、当該支払期日に支払わないことにつき、災害その他やむを得ない理由があると認められるときは、この限りでない。

（都道府県の貸付金の償還期間）

第10条 法第11条第2項に規定する償還期間は、11年とする。

（国の貸付金の償還期間）

第11条 法第12条第2項に規定する償還期間は、12年（指定都市に対する貸付金にあつては、11年）とする。

（償還金の支払猶予）

第12条 法第13条第1項の政令で定めるやむを得ない理由は、盗難、疾病、負傷その他市町村がやむを得ないと認める事情があることとする。

（法第15条の規定による貸付金の償還方法）

第13条　法第15条の規定による貸付金の償還は、毎年度4月1日から9月30日までの間に償還を受けた金額については、当該年度の3月31日までに、毎年度10月1日から3月31日までの間に償還を受けた金額については、翌年度の9月30日までに、それぞれその期間ごとにとりまとめて行うものとする。

附　則

1　この政は、法の施行の日（昭和49年1月1日）から施行する。

2　阪神・淡路大震災に係る法第11条第1項の規定による府県の貸付金（次項第1号において「府県の貸付金」という。）に係る地方自治法施行令（昭和22年政令第16号）第171条の6第1項の規定の適用については、市町（地方自治法（昭和22年法律第67号）第252条の19第1項の指定都市（次項において「指定都市」という。）を除く。）が法第13条第1項の規定により償還金の支払を猶予したときは、同令第171条の6第1項第5号に該当するものとみなす。

3　阪神・淡路大震災に係る法第12条第1項の規定による国の貸付金に係る国の債権の管理等に関する法律（昭和31年法律第114号）第24条第1項の規定の適用については、次に掲げる場合においては、同項第6号に該当するものとみなし、かつ、この場合における国の貸付金の償還期限の延長については、同法第26条第1項の規定は、適用されないものとする。

1　府県が、市町（指定都市を除く。）に対し、地方自治法施行令第171条の6第1項の規定により府県の貸付金の償還期限を延長したとき。

2　指定都市が法第13条第1項の規定により償還金の支払を猶予したとき。

改正附則〔昭和50年1月23日政令第9号〕～〔平成28年5月25日政令第226号〕　略

附　則〔平成31年1月30日政令第16号〕

（施行期日）

1　この政令は、平成31年4月1日から施行する。

（経過措置）

2　この政令の施行の日（次項において「施行日」という。）前に生じた災害により被害を受けた世帯の世帯主に対する災害援護資金の貸付けについては、この政令による改正前の災害弔慰金の支給等に関する法律施行令第8条の規定は、なおその効力を有する。この場合において、同条第2項中「第10条」とあるのは、「第9条」とする。

3　この政令による改正後の災害弔慰金の支給等に関する法律施行令第9条の規定は、同条の規定による違約金のうち施行日以後の期間に対応するものについて適用し、当該違約金のうち施行日前の期間に対応するものについては、なお従前の例による。

（東日本大震災に対処するための特別の財政援助及び助成に関する法律の厚生労働省関係規定の施行等に関する政令の一部改正）

4　東日本大震災に対処するための特別の財政援助及び助成に関する法律の厚生労働省関係規定の施行等に関する政令（平成23年政令第131号）の一部を次のように改正する。

〔次のよう略〕

附　則〔令和元年7月19日政令第61号〕

（施行期日）

1　この政令は、令和元年8月1日から施行する。〔後略〕

（経過措置）

2　この政令の施行の際現に第1条の規定による改正前の災害弔慰金の支給等に関する法律施行令第10条第1項の規定によりされている償還金の支払の猶予は、災害弔慰金の支給等に関する法律の一部を改正する法律による改正後の災害弔慰金の支給等に関する法律第13条第1項の規定によりされた償還金の支払の猶予とみなす。

○災害弔慰金の支給が行われる災害の範囲等

［制定：平成25年10月1日内閣府告示第230号］

災害弔慰金の支給等に関する法律施行令(昭和48年政令第374号)第1条第1項、第2条並びに第7条第1項及び第2項の規定に基づき、災害弔慰金の支給が行われる災害の範囲等を次のように定め、平成25年10月1日から適用する。

災害弔慰金の支給が行われる災害の範囲等

一　災害弔慰金の支給等に関する法律施行令（昭和48年政令第374号。以下「令」という。）第1条第1項に規定する内閣総理大臣が定める程度は、1の市町村の区域内において住居の滅失した世帯の数が5あることとする。この場合において、住居の滅失した世帯の数の算定に当たっては、災害救助法施行令（昭和22年政令第225号）第1条第2項に定める算定方法の例によるものとする。

二　令第1条第1項の規定により第1号に定める程度以上の災害に準ずる程度の災害として内閣総理大臣が定めるものは、次の各号のいずれかに該当するものとする。

イ　被害が発生した市町村をその区域に含む都道府県の区域内において生じた災害であって、住居の滅失した世帯の数が5以上の市町村が3以上存在するもの（第1号に定める程度以上の災害を除く。）。この場合において、住居の滅失した世帯の数の算定に当たっては、災害救助法施行令第1条第2項に定める算定方法の例によるものとする。

ロ　被害が発生した市町村をその区域に含む都道府県の区域内において生じた災害であって、災害救助法（昭和22年法律第118号）第2条に規定する救助（以下「救助」という。）が行われたもの（第1号及びイに定める程度以上の災害を除く。）。

ハ　救助が行われた市町村をその区域に含む都道府県が2以上あるもの（第1号並びにイ及びロに定める程度以上の災害を除く。）。

三　令第2条に規定する内閣総理大臣が定める給付金は、次の各号に掲げるものとする。

イ　災害救助法第12条の規定により支給される扶助金

ロ　警察表彰規則（昭和29年国家公安委員会規則第14号）第4条の規定に

より支給される賞じゅつ金

ハ　消防表彰規程（昭和37年消防庁告示第1号）第5条の規定により支給される賞じゅつ金

ニ　賞じゅつ金に関する訓令（昭和38年防衛庁訓令第15号）第2条の規定により支給される賞じゅつ金

四　令第7条第1項に規定する内閣総理大臣が被害の種類及び程度を勘案して定める場合は、次に掲げる場合とし、その場合における災害援護資金の限度額は、それぞれの場合に定める額とする。この場合において、被災した住居の建て直しに際し、その住居の残存部分を取り壊さなければならない等の特別の事情がある場合のロの（2）の適用については、「170万円」とあるのは、「250万円」とする。

イ　災害弔慰金の支給等に関する法律（昭和48年法律第82号。以下「法」という。）第10条第1項第1号に掲げる被害があり、かつ、次のいずれかに該当する場合

（1）　法第10条第1項第2号に掲げる損害がない場合　150万円

（2）　法第10条第1項第2号の家財の損害があり、かつ、同号に掲げる住居の損害がない場合　250万円

（3）　住居が半壊した場合（被災した住居の建て直しに際し、その住居の残存部分を取り壊さなければならない等の特別の事情がある場合を除く。）　270万円

ロ　法第10条第1項第1号に掲げる被害がなく、かつ、次のいずれかに該当する場合

（1）　法第10条第1項第2号の家財の損害があり、かつ、同号に掲げる住居の損害がない場合　150万円

（2）　住居が半壊した場合　170万円

（3）　住居が全壊した場合（住居の全体が滅失し、若しくは流失した場合及び被災した住居の建て直しに際し、その住居の残存部分を取り壊さなければならない等の特別の事情がある場合を除く。）　250万円

五　令第7条第2項に規定する内閣総理大臣が被害の程度その他の事情を勘案して定める場合は、次の各号のいずれかに該当し、かつ、市町村長が特に必要と認めた場合とする。

イ　災害援護資金の貸付けが行われる被害を受けた時の前1年以内に法第

10条第１項の被害（自然災害以外によって生ずる被害で、これに相当するものを含む。）を受けた場合

ロ　当該被害の原因となった災害により世帯主が死亡した場合又は世帯主が地方税法施行令（昭和25年政令第245号）第７条に規定する障害者となった場合

ハ　生活保護を受けている世帯又は市町村民税非課税世帯が被災した場合

ニ　当該被害の原因となった災害により住居が全壊した場合

○災害弔慰金の支給等に関する法律の規定に基づく災害援護資金の償還免除に関する内閣府令

［制定：令和元年７月19日内閣府令第22号］

災害弔慰金の支給等に関する法律（昭和48年法律第82号）附則第２条第１項及び附則第３条第１項の規定に基づき、災害弔慰金の支給等に関する法律の規定に基づく災害援護資金の償還免除に関する内閣府令を次のように定める。

災害弔慰金の支給等に関する法律の規定に基づく災害援護資金の償還免除に関する内閣府令

（法附則第２条第１項の内閣府令で定める場合）

第１条　災害弔慰金の支給等に関する法律（以下「法」という。）附則第２条第１項の内閣府令で定める場合は、次の各号のいずれにも該当する場合とする。

一　災害援護資金の貸付けを受けた者の収入金額（当該災害援護資金の償還を免除する年の前年の所得（当該免除を１月から５月までの間にする場合にあっては、前前年の所得）について災害弔慰金の支給等に関する法律施行令（昭和48年政令第374号）第４条の規定の例により算定した所得の金額をいう。）から租税その他の公課の金額を控除した金額が、150万円未満であること。

二　災害援護資金の貸付けを受けた者の資産の状況が、次に掲げる状態にあること。

イ　償還に充てることができる居住の用に供する土地及び建物以外の資産を保有していないと認められること。

ロ　預貯金の金額（生活費の入金等を控除した金額をいう。）が20万円以下であること。

（法附則第３条第１項の内閣府令で定める事由）

第２条　法附則第３条第１項の内閣府令で定める事由は、内閣総理大臣及び都道府県知事が次の各号のいずれにも該当すると認めた場合とする。

一　平成31年４月１日前に生じた災害に係る災害援護資金の貸付けを受けた者の保証人に対して有する権利（以下この条において「保証債権」という。）の放棄の際において、当該保証人が災害援護資金の貸付けを受けた者に代わり当該災害援護資金を継続的にかつ現に償還しており、かつ、当該償還が完了していないこと。

二　災害援護資金の貸付けを受けた者が法第14条第１項及び附則第２条第１項に規定する償還を免除することができる場合に該当しないこと。

２　地方自治法（昭和22年法律第67号）第252条の19第１項の指定都市が保証債権を放棄する場合における前項の規定の適用については、同項中「内閣総理大臣及び都道府県知事」とあるのは、「内閣総理大臣」とする。

附　則

この府令は、令和元年８月１日から施行する。

○東日本大震災に対処するための特別の財政援助及び助成に関する法律（抄）

［制定：平成23年5月2日法律第40号
最終改正：令和元年6月17日法律第27号］

（災害弔慰金の支給等に関する法律の特例）

第103条　災害弔慰金の支給等に関する法律（昭和48年法律第82号）第10条第1項の災害援護資金であって、東日本大震災により著しい被害を受けた者で政令で定めるものが東日本大震災の後政令で定める日までに貸付けを受けるものについての同条第3項及び第4項並びに同法第14条第1項の規定の適用については、同法第10条第3項中「10年」とあるのは「13年」と、同条第4項中「年3パーセント」とあるのは「年1・5パーセント（政令で定めるところにより保証人を立てる場合にあつては、年零パーセント）」と、同法第14条第1項中「受けたため」とあるのは「受けたことその他政令で定める事由により」とする。

2　前項の資金に係る都道府県が行う災害弔慰金の支給等に関する法律第11条第1項の貸付け及び国が行う同法第12条第1項の貸付けについての同法第11条第2項及び第12条第2項の規定の適用については、同法第11条第2項中「11年」とあるのは「14年」と、同法第12条第2項中「12年」とあるのは「15年」と、「11年」とあるのは「14年」とする。

○東日本大震災に対処するための特別の財政援助及び助成に関する法律の厚生労働省関係規定の施行等に関する政令（抄）

［制定：平成23年5月2日政令第131号
最終改正：令和2年3月30日政令第87号］

（災害弔慰金の支給等に関する法律の特例）

第14条　法第103条第1項の政令で定めるものは、東日本大震災により著しい被害を受けた者であることの証明を市町村長その他相当な機関から受けた者とする。

2　法第103条第1項の政令で定める日は、令和3年3月31日とする。

3　法第103条第1項に規定する災害弔慰金の支給等に関する法律（昭和48年法律第82号。以下「災害弔慰金法」という。）第10条第1項の災害援護資金の貸付けについての災害弔慰金の支給等に関する法律施行令（昭和48年政令第374号。以下「災害弔慰金令」という。）第4条の規定の適用については、同条中「当該被害を受けた年の前年の所得（当該被害を1月から5月までの間に受けた場合にあつては、前前年」とあるのは「平成21年の所得（平成23年の所得が平成21年の所得を下回る場合にあつては、平成23年」と、「その所得が生じた年の翌年の4月1日の属する年度分」とあるのは「平成22年度分（平成23年の所得が平成21年の所得を下回る場合にあつては、平成24年度分）」とする。

4　法第103条第1項に規定する災害弔慰金法第10条第1項の災害援護資金の貸付けについて保証人を立てる場合にあっては、当該保証人は、当該災害援護資金の貸付けを受けた者と連帯して債務を負担するものとし、その保証債務は、災害弔慰金令第9条の規定による違約金を包含するものとする。

5　法第103条第1項の規定により読み替えて適用する災害弔慰金法第14条第1項の政令で定める事由は、無資力又はこれに近い状態にあるため災害弔慰金法第13条第1項の規定により償還金の支払の猶予を受けた者が、最終支払期日（同項の支払期日のうち最終の支払期日をいう。）から10年を経過した後において、なお無資力又はこれに近い状態にあり、かつ、当該償還金を支払うことができることとなる見込みがない場合とする。

6　法第103条第1項の規定により災害弔慰金法第10条第3項の規定を読み替えて適用する場合における災害弔慰金令第7条第2項の規定の適用については、同項中「10年」とあるのは「13年」と、「3年」とあるのは「6年」と、「5年」とあるのは「8年」とする。

7　法第103条第2項の規定により災害弔慰金法第11条第2項及び第12条第2項の規定を読み替えて適用する場合における災害弔慰金令第10条及び第11条の規定の適用については、災害弔慰金令第10条中「11年」とあるのは「14年」と、災害弔慰金令第11条中「12年」とあるのは「15年」と、「11年」とあるのは「14年」とする。

通　知

○災害弔慰金の支給及び災害援護資金の貸付けに関する法律等の施行について

［昭和49年2月28日社施第34号各都道府県知事・各指定都市市長あて　厚生省社会局長通知］

標記については、別途「災害弔慰金の支給及び災害援護資金の貸付けに関する法律の施行について」（昭和49年1月7日社第15号厚生事務次官依命通達）、「災害弔慰金の支給が行われる災害の範囲等について」（昭和49年1月31日社第88号厚生事務次官通知）及び「災害弔慰金の支給及び災害援護資金の貸付けに関する法律施行令第2条に規定する厚生大臣が定める給付金について」（昭和49年2月13日厚生省社第109号厚生事務次官通知）により通知されたところであるが、「災害弔慰金の支給及び災害援護資金の貸付けに関する法律（昭和48年法律第82号以下「法」という。）及び同法施行令（昭和48年政令第374号以下「令」という。）の施行並びにこれに伴う制度の運営については、これら通達等によるほか、次の点に留意のうえ、その円滑な実施について遺憾なきを期されたい。

第1　一般的事項

1　制度の目的

わが国は、毎年、台風、豪雨等の自然災害に見舞われ相当数の人命が失われ、また、住居等の多くの被害が発生している。

このような被害は、もとより、防災対策の徹底等により、できる限り未然に防止されなければならないが、自然災害が人為的な原因によるものでなく、異常な自然現象に起因する予測し難い不可抗力的な災害であることにかんがみ、被災者について、応急的な災害救助のほかにその個人的被害に対し、救済援護の措置を講ずる必要がある。このような見地から、今般、自然災害による死亡者の遺族に対する弔慰金の支給制度並びに自然災害により住居、家財等に損害を受けた世帯に対する災害援護資金の貸付け制度の実施を図ることとなったものであること。

2　実施主体

本制度の実施主体は、法第3条第1項及び第8条〔編者注：昭和57年災害障害見舞金の創設に伴い第8条から第13条は第10条から第15条となる。以下この通知中同じ。〕第1項の規定により、市町村（特別区を含む。以下同じ。）とされ､市町村条例の定めるところにより実施されるものであること。条例準則及び同施行規則準則は別紙１及び２のとおりであるので、条例の制定等について十分指導されたいこと。

３　実施体制の確保

本制度は、相当規模の自然災害の発生時に対応する制度であり、災害被災直後の極めて困難な状況の下で、迅速、的確に事務を遂行する必要がある。

したがって、あらかじめ、事務担当者を定めておくとともに、各種の事態に対応して円滑な処理が行えるよう連絡体制、事務処理手続の周知徹底等について十分配慮し、市町村の指導の徹底を図られたいこと。

第２　災害弔慰金の支給について

１　趣旨

自然災害により死亡した者がある場合に市町村がその遺族に対し、災害弔慰金を支給するものであること。

２　支給の対象となる災害

（１）　その災害による死亡が災害弔慰金の支給の対象となる災害（以下「対象災害」という。）として法第３条第１項の規定に基づく令第１条に規定する「１の市町村（特別区を含む。以下同じ。）の区域内において生じた住居の被害が、厚生大臣の定める程度以上の災害その他これに準ずる程度の災害として厚生大臣の定めるもの」については、別途「災害弔慰金の支給が行われる災害の範囲等について」（昭和49年１月31日社第88号厚生事務次官通知。以下「次官通知」という。）により通知されたところであるが、次の点に留意されたいこと。

ア　次官通知の１の（１）「１の市町村の区域内において住居の滅失した世帯の数が５以上である災害」については、その認定は災害弔慰金の支給を行う市町村長（特別区長を含む。以下同じ。）すなわち、死亡した住民の住所地の市町村長が行うものであること。

この場合、住居が滅失した世帯数の算定については、災害救助法施行令（昭和22年法律第118号）第１条第２項に定める算定方法の例によるほか、全壊、半壊等の被害認定についても災害救助法の運用基準の例によるものであること。ただし、市町村の人口数にかかわらず、１の市町村の区域内で５以上の世帯の住居が滅失すれば、対象災害とするものであること。

なお、この基準は、市町村ごとに適用するものであるので、当該市町村の区域内の被害のみが対象災害となるものであること。

イ　次官通知１の（１）のイにより、都道府県の区域内において自然災害により災害救助法による救助が行われた市町村がある場合には、その都道府県のすべての市町村の被害が対象災害となるものであること。したがって、実務上は、同一都道府県の区域内で災害救助法による救助が行われたときは、アの算定を行う必要はないものであること。

ウ　ア及びイの災害のほか、ア又はイと同等の災害と認められる特別の事情がある場合については、厚生大臣が別に定めることとされているので、都道府県を経由して厚生省に協議されたいこと。

（２）　火災あるいは爆発事故等の人為的な原因により生ずる被害は当該自然災害には含まれず、したがって対象災害とならないものであること。ただし、地震に伴う大規模な火災等自然災害が原因で発生する二次的災害に係るものについては、対象災害となりうるものであるので、このような場合には都道府県を経由し、事前に厚生省に協議されたいこと。

３　支給の対象となる死亡

（１）　災害弔慰金の支給対象となる死亡は、支給する市町村の住民の２の対象災害による死亡であること。したがって、住所地以外の他の市町村の区域内で災害に遭遇して当該死亡が生じた場合であっても支給事由に該当することとなるので留意されたいこと。

（２）　自然災害による死亡であるか否かの判定は、災害弔慰金の支給を行う市町村長が行うこととなるが、事実関係が明白でない場合には、警察、消防等の各機関の情報等により十分調査確認のうえ判定することとされたいこと。

（３）　行方不明の場合の死亡の推定については、法第４条の規定により、３カ月間行方不明の場合は、自然災害により死亡したものと推定されるので、災害弔慰金を支給して差支えないものであること。なお、行方不明の場合には、生存の可能性もあるので、葬祭が行われた後に支給する等の措置を配意されたいこと。

また、死亡の推定により災害弔慰金を支給した後に生存が判明した場合は、すでに支給した災害弔慰金は返還を求める必要はないものであること。

4　支給の対象となる遺族

（1）　災害弔慰金の支給の対象となる遺族については、法第３条第２項の規定により、死亡した者の死亡当時における配偶者（婚姻の届出をしていないが事実上婚姻関係と同様の事情にあった者を含み、離婚の届出をしていないが、事実上離婚したと同様の事情にあった者を除く。）子、父母、孫及び祖父母の範囲とされ、兄弟姉妹その他の親族又は親族以外の者は、含まないものであること。

（2）　遺族については、当該死亡者の住所地の住民であることあるいは死亡当時死亡者を扶養していたこと等の要件は必要とされていないこと。

（3）　支給対象範囲の遺族が２人以上いるときの支給順位については、条例において規定することとなるが、準則第４条第３項のような規定を設け、順位を絶対的なものとせず、先順位者が遠隔地にいる場合等については、葬祭を行った後順位者に支給する等、（1）の遺族の範囲内において実情に応じて適当と認める者に支給することとされたいこと。

5　支給を不適当とする場合

（1）　法第５条の規定により、自然災害による死亡が本人の故意又は重大な過失による場合は、支給が不適当な場合として災害弔慰金を支給しないこととなるが、市町村長がこれに該当すると判定するにあたっては、慎重に取扱われたいこと。

（2）　令第２条の規定により、「当該死亡に関しその者が業務に従事していたことにより給付される給付金その他これに準ずる給付金で厚生大臣が定めるもの」が支給されるときも同様であるが、これについては「災害弔慰金の支給及び災害援護資金の貸付けに関する法律施行令第２条に規定する厚生大臣が定める給付金について」（昭和49年２月13日社第109号厚生事務次官通知）により消防団員等に対する賞じゅつ金等が定められているので、当該給付金の有無について留意されたいこと。

（3）　支給を不適当とする場合は、必ずしも（1）及び（2）に限定されないので、市町村長が支給を不適当と認める場合は支給しないこととしても法律上差しつかえないものであること。

6　支給の方法等

災害弔慰金の支給は、受給権に基づき支給されるものでなく、自然災害による死亡という事実に対し、市町村の措置として支給されるものである。したがって市町村が、被害の状況、遺族の状況等必要な調査を行って支給するものとし、申請書の提出、支給の決定の通知等の手続は必要ないものであること。

しかしながら、その支給にあたっては、公平、迅速に行うよう留意するとともに、災害弔慰金の性格にてらし、形式的処理にならないよう配意すること。

7　費用負担

法第7条に規定する負担金の交付については、別途通知するところによるものであること。

8　その他

（1）　法及び令については、昭和49年1月1日から施行されたが、法付則第1項により、昭和48年7月16日以後に生じた災害について適用することとなっているので、災害弔慰金を支給すべき事由があるときは、遡及適用の措置について配意されたいこと。

（2）　本制度の実施により、「市町村災害弔慰金補助制度要綱」は発展的に解消することとなるが、昭和48年7月15日以前の災害については、なお、従前の例により、同要綱によるものであること。

第3　災害援護資金の貸付けについて

1　趣旨

自然災害により、世帯主が負傷を負い、又は住居、家財等に相当程度の被害を受けたその所得が一定額未満の世帯について、その生活の立て直しに資するため、市町村が災害援護資金の貸付けを行うものであること。

従来も低所得世帯については、災害被災時の生活の立て直し等のため、世帯更生資金制度により、災害援護資金・住宅資金等の貸付けが行われていたが、本制度は、相当程度以上の自然災害による被害について、貸付け対象者の範囲を拡大して制度化し、被災地域における被災世帯の生活の早期立て直しを推進しようとするものであること。

2　貸付けの対象となる災害

（1）　災害援護資金の貸付けが行われる災害は、法第8条に基づく令第3条の規定により、当該貸付けを行う市町村を含む都道府県の区域内で災害救助法による救助が行われた災害とされていること。

したがって、都道府県の区域内において、災害救助法による救助が行われたときは、その都道府県の各市町村は、貸付けを実施することとなること。

（2） 法第８条の規定上、当該市町村の住民たる世帯主が被災し、被害を受けた場合を貸付け対象とし、他の市町村の住民が被災した場合貸付け対象としないこととすること。

（3） 災害救助法による救助が行われたときは、都道府県よりその区域内の各市町村に連絡をとるよう配意されたいこと。

3 貸付け対象者

（1） ２の災害により被害を受けた世帯の世帯主が貸付け対象者となること。

（2） 世帯の取扱いについては、同居し、かつ、生計を一にしているものを同一世帯とすること。

ただし、出かせぎ、入院等同居していなくとも同一世帯に属していると判断すべき場合は同一世帯として認定して差しつかえないこと。

（3） 世帯主とは、主としてその世帯の生計を維持する者であって、その世帯を主宰とするものとして社会通念上妥当と認められる者をいうものとすること。

（4） 世帯及び世帯主の認定は、原則として被害を受けた当時の状況によること。なお、被災前の世帯主が当該災害により死亡した場合には、新世帯主が定まるものであり、その者を貸付け対象者とするものであること。

4 所得による制限

（1） 3の世帯については、その世帯に属する者の所得を合算した額が、令第５条に規定する金額未満であることが貸付けを受ける要件とされているので、限度額以上の所得を有する世帯には貸付けを行わないものであること。

これは、災害援護資金が、被災世帯の生活の立て直しに資するため貸付けられる低利資金であることにかんがみ、資金調達の比較的容易と考えられる一定所得以上の世帯については、貸付けの対象としない趣旨であること。

（2） 災害援護資金の貸付けを受けようとする世帯主に係る世帯の所得の算定については、当該世帯に属する者（世帯主を含む。）のそれぞれの所得につき、令第４条により算定した前年の所得（１月から５月までの間に被害が生じたときは、前々年の所得）を合算するものであること。

なお、令第4条の算定方法については、市町村が実施主体であることにかんがみ、市町村民税の所得割の課税標準を用いることとされたこと。

（3）　世帯の所得と比較すべき限度額については、150万円とされたこと。これは、給与所得の収入金額でおおむね200万円に該当するものであること。

（4）　所得要件の判定は、貸付けを行う市町村長が行うものであるが、災害援護資金貸付け申請書に記載された所得額を参考として市町村に備える課税台帳等の公簿により確認するものとすること。

5　貸付け対象となる被害

（1）　災害援護資金の貸付けの対象となる被害は、法第8条第1項及び令第3条の規定により、自然災害による被害であって次に掲げるものをいうものであること。

ア　療養に要する期間がおおむね1月以上である世帯主の負傷

イ　住居又は家財の被害であって、被害額が当該住居又は家財の価額のおおむね3分の1以上である損害

（2）（1）のアについては、医師の診断書により確認するものとすること。

（3）（1）のイについては、当該損害を受けた住居又は家財につき、現在購入するとした場合の価額により3分の1以上の損害額を算定することを原則とすること。

この場合、住居の被害については、「災害の被害認定基準の統一について（昭和43年6月14日結審第115号内閣総理大臣官房審議室長）」に規定する被害の認定基準による住家全壊及び住家半壊を、（1）のイの損害として取扱うものとすること。

（4）　被害の認定は、災害援護資金の貸付けを受けようとする者の申告にもとづき、必要な調査をして確認するものとすること。

（5）（1）のイの住居又は家財の損害は、その者の所有に係る住居又は家財の損害であることを原則とするが、住居が全壊して、引き続き居住できなくなった場合は、借家の場合についてもイに該当するものとして差しつかえないものとすること。

6　貸付け限度額

災害援護資金の貸付け限度額は、一災害一世帯当り50万円以内で政令で定める額とされているが、令第7条の規定により、限度額は50万円とされ、

厚生大臣が被害の種類及び程度を勘案して定める場合は30万円又は20万円とされたこと。

30万円又は20万円とする場合については、次官通知の2に定めるところにより、5の（1）の被害の種類及び程度に応じ、負傷のみの場合は30万円、半壊のみの場合は30万円、家財の被害のみの場合は20万円とされたこと。

なお、全壊の場合は50万円であり、また、負傷と全壊又は半壊、家財の損害と住居の全壊又は半壊が重複した場合等は、いずれも限度額は、50万円となること。

7　貸付けの方法

（1）　貸付けの申請

貸付けの申請については、制度の趣旨にてらし、災害が発生してから3か月以内に申請の受付けを完了すること。このため被害世帯に対し、申請は3か月以内に行う旨を十分に徹底すること。

（2）　貸付けの決定

貸付けに関する決定事項は、次の事項に限ることとし、さらに新たな貸付条件を付することは適当でないこと。

ア　当該申請書に貸付けを行うことの可否

イ　貸し付けることを決定した場合の貸付金の金額、償還期間及び方法

（3）　据置期間及び償還期間

災害援護資金の償還期間は10年とし、据置期間はそのうち3年であること。したがって、据置期間経過後7年間で償還することとなること。ただし、次官通知の3に規定する厚生大臣の定める場合に該当するときは、据置期間は5年とされ、償還は、据置期間経過後5年間で行うこととなること。

（4）　利率

災害援護資金の利率は年利3％であること。また利息は、市町村の運営事務費等に見合うものとして、市町村の収入となるものであること。

（5）　償還方法

ア　償還方法については、年賦償還又は半年償還の方法によりその併用又はいずれかの方法によるものとすること。

イ　償還は元利均等償還の方法によることを原則とすること。

ウ　災害援護資金の貸付けにあたっては、災害援護資金の貸付けを受けた

者（以下「借受人」という。）に償還方法を十分徹底し、償還が円滑に行われるよう配意されたいこと。

（６）　保証人

ア　災害援護資金の貸付けを受けようとする者には、保証人を立てさせることとすること。この場合、保証人にかえて物的担保をとること又は、保証人のほかにさらに物的担保をとることは適当でないこと。

イ　保証人は、原則として借受人と同一市町村に居住する者とすること。

ウ　借受人又は借入申込者は原則として他の借受人又は借入申込者の保証人となることは、できないものとすること。

８　償還等

（１）　貸付け後の指導

災害援護資金については、生活の立て直しに有効に使われるよう適宜指導されたいこと。

（２）　一時償還

市町村は、令第９条の事由に該当する場合には、借受人に対し、貸付金の一時償還を請求することとなっているが、その適用については、一時償還を請求することが適当と認められる場合に限って命ずることができる趣旨であるので留意されたいこと。

（３）　違約金

市町村は、令第10条の違約金を徴収すること。なお、同条ただし書の「災害その他やむを得ない理由」の認定は、貸付けを行った市町村長が行うものであること。

（４）　償還金の支払猶予

ア　償還金の支払猶予期間は、１年以内とし、さらにその事由が継続し、とくに必要がある場合には、あらためてその手続をとらせること。

償還金の支払猶予は、支払期日までに行われなければならないが、この手続をとらず支払を遅滞したときは、違約金を徴収するものであること。

イ　令第11条第２項の規定は、償還金の支払が猶予されることにより、貸付金の利子の計算に何ら影響を及ぼさないようにしようとするものであること。したがって、猶予前の支払期日に償還すべきであった金額と同額の償還金を猶予された後の支払期日に支払えば足りるものであること。

ウ　支払猶予は、保証人が支払期日に当該償還金を支払うことができるか否かには関係がないものであること。

（5）　償還免除

ア　災害援護資金の償還の免除は、保証人に償還能力があると認められる額については、償還を免除するものでなく、その保証人に償還させること。

イ　償還の免除は、借受人の保証人においても、これを申請することができるものとすること。

ウ　法第11条第1項に規定する「精神又は身体の著しい障害」とは、地方税法施行令第7条の15の4に規定する特別障害者の範囲とすること。

9　都道府県の貸付金

（1）　都道府県は、市町村（指定都市を除く。以下同じ。）が災害援護資金として貸し付けるために必要な財源について市町村に貸し付けることとすること。したがって、都道府県は市町村から、災害援護資金貸付状況を把握するために必要な書類及び報告を徴し、市町村に対する貸付けについて過大な貸付けの生じないよう留意されたいこと。

なお、都道府県の市町村に対して貸し付けた金額については、国の貸付けの対象となるもので、国に対する災害援護資金国庫貸付金の申請事務についても十分配慮のうえ、市町村に対する貸付けを行われたいこと。

（2）　都道府県の市町村に対する貸付金の償還期間は貸付けの日から11年間とし、延滞の場合を除き無利子であること。なお、その他貸付けに必要な事項については、都道府県と市町村の間の契約により行うものであること。

（3）　市町村は、借受人から、年度の前半に償還を受けた金額については、当該年度の末日までに、年度の後半に償還を受けた金額については、翌年度の9月30日までに、それぞれ一括して、都道府県に対し償還を行うこととされているので、適正、円滑な償還が行われるよう十分市町村を指導されたいこと。

10　国の貸付金

（1）　国は、指定都市が災害援護資金として貸し付けた金額又は都道府県が市町村に対し災害援護資金の貸付けに要した財源として貸し付けた金額の、それぞれ3分の2に相当する金額を、指定都市又は都道府県に対し貸し付けるものであること。

貸付け手続等貸付けに関する事項は、別途通知すること。

（2）　国の貸付金の償還期間は貸付けの日から12年間とされ、延滞の場合を除き無利子であること。

（3）　国の貸付金の償還については、9の（3）と同様であるので、指定都市及び都道府県はそれぞれ償還された償還金の3分の2の金額に相当する償還金を、6か月の猶予をおいて国に償還することとすること。

別紙1

災害弔慰金の支給等に関する条例準則

〔最終改正〕　平成3年9月26日社施第98号

第1章　総則

（目的）

第1条　この条例は、災害弔慰金の支給等に関する法律（昭和48年法律第82号。以下「法」という。）及び同法施行令（昭和48年政令第374号。以下「令」という。）の規定に準拠し、暴風・豪雨等の自然災害により死亡した市〔区・町・村〕民の遺族に対する災害弔慰金の支給を行い、自然災害により精神又は身体に著しい障害を受けた市〔区・町・村〕民に災害障害見舞金の支給を行い、並びに自然災害により被害を受けた世帯の世帯主に対する災害援護資金の貸付けを行い、もって市〔区・町・村〕民の福祉及び生活の安定に資することを目的とする。

（定義）

第2条　この条例において、次の各号に掲げる用語の定義は、それぞれ当該各号に掲げるところによる。

（1）　災害　暴風、豪雨、豪雪、洪水、高潮、地震、津波その他異常な自然現象により被害が生ずることをいう。

（2）　市〔区・町・村〕民　災害により被害を受けた当時、この市〔区・町・村〕の区域内に住所を有した者をいう。

第2章　災害弔慰金の支給

（災害弔慰金の支給）

第3条　市〔区・町・村〕は、市〔区・町・村〕民が令第1条に規定する災害（以下この章及び次章において単に「災害」という。）により死亡したときは、その者の遺族に対し、災害弔慰金の支給を行うものとする。

（災害弔慰金を支給する遺族）

第４条　災害弔慰金を支給する遺族の範囲は、法第３条第２項の遺族の範囲とし、その順位は、次に掲げるとおりとする。

（１）　死亡者の死亡時において、死亡者により生計を主として維持していた遺族を先にし、その他の遺族を後にする。

（２）　前号の場合において、同順位の遺族については、次に掲げる順序とする。

イ　配偶者

ロ　子

ハ　父母

ニ　孫

ホ　祖父母

２　前項の場合において、同順位の父母については、養父母を先にし、実父母を後にし、同順位の祖父母については、養父母の父母を先にし、実父母の父母を後にし、父母の養父母を先にし、実父母を後にする。

３　遺族が遠隔地にある場合その他の事情により、前２項の規定により難いときは、前２項の規定にかかわらず、第１項の遺族のうち、市〔区・町・村〕長が適当と認める者に支給することができる。

４　前３項の場合において、災害弔慰金の支給を受けるべき同順位の遺族が２人以上あるときは、その１人に対してした支給は、全員に対しなされたものとみなす。

（災害弔慰金の額）

第５条　災害により死亡した者１人当たりの災害弔慰金の額は、その死亡者が死亡当時においてその死亡に関し災害弔慰金を受けることができることとなる者の生計を主として維持していた場合にあっては500万円とし、その他の場合にあっては250万円とする。ただし、死亡者がその死亡に係る災害に関し既に次章に規定する災害障害見舞金の支給を受けている場合は、これらの額から当該支給を受けた災害障害見舞金の額を控除した額とする。

（死亡の推定）

第６条　災害の際現にその場にいあわせた者についての死亡の推定については、

法第4条の規定によるものとする。

（支給の制限）

第7条　弔慰金は、次の各号に掲げる場合には支給しない。

（1）　当該死亡者の死亡が、その者の故意又は重大な過失により生じたものである場合

（2）　令第2条に規定する場合

（3）　災害に際し、市〔区・町・村〕長の避難の指示に従わなかったことその他の特別の事情があるため、市〔区・町・村〕長が支給を不適当と認めた場合

（支給の手続）

第8条　市〔区・町・村〕長は、災害弔慰金の支給を行うべき事由があると認めるときは、規則で定めるところにより支給を行うものとする。

2　市〔区・町・村〕長は、災害弔慰金の支給に関し遺族に対し、必要な報告又は書類の提出を求めることができる。

第3章　災害障害見舞金の支給

（災害障害見舞金の支給）

第9条　市〔区・町・村〕は、市〔区・町・村〕民が災害により負傷し、又は疾病にかかり、治ったとき（その症状が固定したときを含む。）に法別表に掲げる程度の障害があるときは、当該住民（以下「障害者」という。）に対し、災害障害見舞金の支給を行うものとする。

（災害障害見舞金の額）

第10条　障害者1人当たりの災害障害見舞金の額は、当該障害者が災害により負傷し又は疾病にかかった当時においてその属する世帯の生計を主として維持していた場合にあっては250万円とし、その他の場合にあっては、125万円とする。

（準用規定）

第11条　第7条及び第8条の規定は、災害障害見舞金について準用する。

第4章　災害援護資金の貸付け

（災害援護資金の貸付け）

第12条　市〔区・町・村〕は、令第3条に掲げる災害により法第10条第1項各号に掲げる被害を受けた世帯の市〔区・町・村〕民である世帯主に対し、その生活の立て直しに資するため、災害援護資金の貸付けを行うものとする。

2　前項に掲げる世帯は、その所得について法第10条第1項に規定する要件に該当するものでなければならない。

（災害援護資金の限度額等）

第13条　災害援護資金の1災害における1世帯当たりの貸付け限度額は、災害による当該世帯の被害の種類及び程度に応じ、それぞれ次の各号に掲げるとおりとする。

（1）　療養に要する期間がおおむね1月以上である世帯主の負傷（以下「世帯主の負傷」という。）があり、かつ、次のいずれかに該当する場合

イ　家財についての被害金額がその家財の価額のおおむね3分の1以上である損害（以下「家財の損害」という。）及び住居の損害がない場合　150万円

ロ　家財の損害があり、かつ、住居の損害がない場合　250万円

ハ　住居が半壊した場合　270万円

ニ　住居が全壊した場合　350万円

（2）　世帯主の負傷がなく、かつ、次のいずれかに該当する場合

イ　家財の損害があり、かつ、住居の損害がない場合　150万円

ロ　住居が半壊した場合　170万円

ハ　住居が全壊した場合（ニの場合を除く。）　250万円

ニ　住居の全体が滅失若しくは流失した場合　350万円

（3）　第1号のハ又は前号のロ若しくはハにおいて、被災した住居を建て直すに際しその住居の残存部分を取り壊さざるを得ない場合等特別の事情がある場合には、「270万円」とあるのは「350万円」と「170万円」とあるのは「250万円」と「250万円」とあるのは「350万円」と読み替えるものとする。

2　災害援護資金の償還期間は、10年とし、据置期間はそのうち3年（令第7条第2項括弧書の場合は、5年）とする。

（利率）

第14条　災害援護資金は、据置期間中は無利子とし、据置期間経過後はその利率を延滞の場合を除き年3パーセントとする。

（償還等）

第15条　災害援護資金は、年賦償還〔又は、半年賦償還〕とする。

2　償還方法は、元利均等償還の方法とする。ただし、貸付金の貸付けを受けた

者は、いつでも繰上償還をすることができる。

3　償還免除、保証人、一時償還、違約金及び償還金の支払猶予については、法第13条第1項、令第8条から第12条までの規定によるものとする。

（規則への委任）

第16条　この条例の施行に関し必要な事項は、規則で定める。

附　則

この条例は、公布の日〔昭和49年4月1日〕から施行する。

附　則（昭和　年条例第　号）

この条例は、公布の日から施行する。

附　則（昭和　年条例第　号）

この条例は、公布の日から施行し、改正後の第5条の規定は昭和51年9月7日以後に生じた災害により死亡した住民の遺族に対する災害弔慰金の支給について、改正後の第10条第1項の規定は当該災害により被害を受けた世帯の世帯主に対する災害援護資金の貸付けについて適用する。

附　則（昭和　年条例第　号）

この条例は、公布の日から施行し、改正後の第5条の規定は、昭和53年1月14日以後に生じた災害により死亡した住民の遺族に対する災害弔慰金の支給について、改正後の第10条第1項の規定は当該災害により被害を受けた世帯の世帯主に対する災害援護資金の貸付けについて適用する。

附　則（昭和　年条例第　号）

この条例は、公布の日から施行し、改正後の第5条の規定は昭和55年12月14日以後に生じた災害により死亡した住民の遺族に対する災害弔慰金の支給について、改正後の第10条第1項の規定は当該災害により被害を受けた世帯の世帯主に対する災害援護資金の貸付けについて適用する。

附　則（昭和　年条例第　号）

この条例は、公布の日から施行し、改正後の第9条、第10条及び第11条の規定は、昭和57年7月10日以後に生じた災害により負傷し又は疾病にかかった住民に対する災害障害見舞金の支給について適用する。

附　則（昭和　年条例第　号）

この条例は、公布の日から施行し、改正後の第13条第1項の規定は、昭和61年7月10日以後に生じた災害により被害を受けた世帯の世帯主に対する災害援護資金の貸付けについて適用する。

附　則（平成　年条例第　号）

この条例は、公布の日から施行し、改正後の第５条の規定は平成３年６月３日以後に生じた災害により死亡した住民の遺族に対する災害弔慰金の支給について、改正後の第10条の規定は当該災害により負傷し又は疾病にかかった住民に対する災害障害見舞金の支給について、改正後の第13条第１項の規定は同年５月26日以後に生じた災害により被害を受けた世帯の世帯主に対する災害援護資金の貸付けについて適用する。

（注）条例第７条第３号については、市町村の選択的事項であること。

別紙２

災害弔慰金の支給等に関する条例施行規則準則

〔最終改正〕　昭和57年８月16日社施第108号

第１章　総則

（目的）

第１条　この規則は、災害弔慰金の支給等に関する条例（昭和49年　月　日条例第　号。以下「条例」という。）の施行に関し必要な事項を定めるものとする。

第２章　災害弔慰金の支給

（支給の手続）

第２条　市〔区・町・村〕長は、条例第３条の規定により災害弔慰金を支給するときは、次に掲げる事項の調査を行ったうえ災害弔慰金の支給を行うものとする。

（１）　死亡者（行方不明者を含む。以下同じ。）の氏名、性別、生年月日

（２）　死亡（行方不明を含む。）の年月日及び死亡の状況

（３）　死亡者の遺族に関する事項

（４）　支給の制限に関する事項

（５）　前各号に掲げるもののほか、市〔区・町・村〕長が必要と認める事項

（必要書類の提出）

第３条　市〔区・町・村〕長は、この市〔区・町・村〕の区域外で死亡した市〔区・町・村〕民の遺族に対し、死亡地の官公署の発行する被災証明書を提出させるものとする。

２　市〔区・町・村〕長は、市〔区・町・村〕民でない遺族に対しては、遺族であることを証明する書類を提出させるものとする。

第３章　災害障害見舞金の支給

（支給の手続）

第４条　市〔区・町・村〕長は、条例第９条の規定により災害障害見舞金を支給するときは、次に掲げる事項の調査を行ったうえ災害障害見舞金の支給を行うものとする。

（１）　障害者の氏名、性別、生年月日

（２）　障害の原因となる負傷又は疾病の状態となった年月日及び負傷又は疾病の状況

（３）　障害の種類及び程度に関する事項

（４）　支給の制限に関する事項

（５）　前各号に掲げるもののほか、市〔区・町・村〕長が必要と認める事項

（必要書類の提出）

第５条　市〔区・町・村〕長は、この市〔区・町・村〕の区域外で障害の原因となる負傷又は疾病の状態となった市〔区・町・村〕民に対し、負傷し又は疾病にかかった地の官公署の発行する被災証明書を提出させるものとする。

２　市〔区・町・村〕長は、障害者に対し、法別表に規定する障害を有することを証明する医師の診断書（別紙様式第１号）を提出させるものとする。

第４章　災害援護資金の貸付け

（借入れの申込）

第６条　災害援護資金（以下「資金」という。）の貸付けを受けようとする者（以下「借入申込者」という。）は、次に掲げる事項を記載した借入申込書（別紙様式第２号）を、市〔区・町・村〕長に提出しなければならない。

（１）　借入申込者の住所、氏名及び生年月日

（２）　貸付けを受けようとする資金の金額、償還の期間及び方法

（３）　貸付けを受けようとする理由及び資金の使途についての計画

（４）　保証人となるべき者に関する事項

（５）　前各号に掲げるもののほか、市〔区・町・村〕長が必要と認める事項

２　借入申込書には次に掲げる書類を添えなければならない。

（１）　世帯主の負傷を理由とする借入申込書にあっては、医師の療養見込期間及び療養概算額を記載した診断書

（２）　被害を受けた日の属する前年（当該被害を１月から５月までの間に受けた場合にあっては前々年とする。以下この号において同じ。）において、他の市町村に居住していた借入申込者にあっては、当該世帯の前年の所

得に関する当該市町村長の証明書

（3） その他市〔区・町・村〕長が必要と認めた書類

3 借入申込者は、借入申込書を、その者の被災の日の属する月の翌月1日から起算して3月を経過する日までに提出しなければならない。

（調査）

第7条 市〔区・町・村〕長は、借入申込書の提出を受けたときは、すみやかに、その内容を検討のうえ、当該世帯の被害の状況、所得その他の必要な事項について調査を行うものとする。

（貸付けの決定）

第8条 市〔区・町・村〕長は、借入申込者に対して資金を貸し付ける旨を決定したときは、貸付金の金額、償還期間及び償還方法を記載した貸付決定通知書（別紙様式第3号）を、借入申込者に交付するものとする。

2 市〔区・町・村〕長は、借入申込者に対して、資金を貸し付けない旨を決定したときは、貸付不承認決定通知書（別紙様式第4号）を借入申込者に通知するものとする。

（借用書の提出）

第9条 貸付決定通知書の交付を受けた者は、すみやかに、保証人の連署した借用書（別紙様式第5号）に、資金の貸付けを受けた者（以下「借受人」という。）及び保証人の印鑑証明書を添えて市〔区・町・村〕長に提出しなければならない。

（貸付金の交付）

第10条 市〔区・町・村〕長は、前条の借用書と引き換えに貸付金を交付するものとする。

（償還の完了）

第11条 市〔区・町・村〕長は、借受人が貸付金の償還を完了したときは、当該借受人に係る借用書及びこれに添えられる印鑑証明書を遅滞なく返還するものとする。

（繰上償還の申出）

第12条 繰上償還をしようとする者は、繰上償還申出書（別紙様式第6号）を市〔区・町・村〕長に提出するものとする。

（償還金の支払猶予）

第13条 借受人は、償還金の支払猶予を申請しようとするときは、支払猶予を受けようとする理由、猶予期間その他市〔区・町・村〕長が必要と認める事項を記載した申請書（別紙様式第7号）を、市〔区・町・村〕長に提出しなければならない。

2　市〔区・町・村〕長は、支払の猶予を認める旨を決定したときは、支払を猶予した期間その他市〔区・町・村〕長が必要と認める事項を記載した支払猶予承認書（別紙様式第8号）を、当該借受人に交付するものとする。

3　市〔区・町・村〕長は、支払の猶予を認めない旨の決定をしたときは、支払猶予不承認通知書（別紙様式第9号）を、当該借受人に交付するものとする。

（違約金の支払免除）

第14条　借受人は、違約金の支払免除を申請しようとするときは、その理由を記載した申請書（別紙様式第10号）を市〔区・町・村〕長に提出しなければならない。

2　市〔区・町・村〕長は、違約金の支払免除を認める旨を決定したときは違約金の支払免除した期間及び支払を免除した金額を記載した違約金支払免除承認書（別紙様式第11号）を当該借受人に交付するものとする。

3　市〔区・町・村〕長は、支払免除を認めない旨を決定したときは、違約金支払免除不承認通知書（別紙様式第12号）を、当該借受人に交付するものとする。

（償還免除）

第15条　災害援護資金の償還未済額の全部又は一部の償還の免除を受けようとする者（以下「償還免除申請者」という。）は、償還免除を受けようとする理由その他市〔区・町・村〕長が必要と認める事項を記載した申請書（別紙様式第13号）を、市〔区・町・村〕長に提出しなければならない。

2　前項の申請書には、次の各号に掲げるいずれかの書類を添えなければならない。

（1）　借受人の死亡を証する書類

（2）　借受人が精神若しくは身体に著しい障害を受けて貸付金を償還することができなくなったことを証する書類

3　市〔区・町・村〕長は、償還の免除を認める旨を決定したときは、償還免除承認通知書（別紙様式第14号）を、当該償還免除申請者に交付するものとする。

4　市〔区・町・村〕長は、償還の免除を認めない旨を決定したときは、償還免除不承認通知書（別紙様式第15号）を、当該償還免除申請者に交付するものとする。

（督促）

第16条　市〔区・町・村〕長は、償還金を納付期限までに納入しない者があるときは、督促状を発行するものとする。

（氏名又は住所の変更届等）

第17条　借受人又は保証人について、氏名又は住所の変更等借用書に記載した事項に異同を生じたときは、借受人はすみやかに、その旨を市〔区・町・村〕長に氏名等変更届（別紙様式第16号）を提出しなければならない。ただし、借受人が死亡したときは、同居の親族又は保証人が代ってその旨を届け出るものとする。

第18条　この規則に定めるもののほか、災害弔慰金及び災害障害見舞金の支給並びに災害援護資金の貸付けの手続について必要な事項は、別に定める。

附　則

この規則は、昭和　年　月　日から施行する。

附　則（昭和　年規則第　号）

この規則は、公布の日から施行し、改正後の第４条及び第５条の規定は、昭和57年７月10日以後に生じた災害により負傷し又は疾病にかかった住民に対する災害障害見舞金の支給について適用する。

○災害弔慰金の支給及び災害援護資金の貸付けに関する法律の一部を改正する法律等の施行について

〔昭和50年1月29日社施第17号各都道府県知事・各指定都市市長あて　厚生省社会局長通知〕

標記については、別途「災害弔慰金の支給及び災害援護資金の貸付けに関する法律の一部を改正する法律の施行について」（昭和50年1月23日厚生省社第36号厚生事務次官依命通達）及び「災害弔慰金の支給が行われる災害の範囲等について」（昭和50年1月23日厚生省社第37号厚生事務次官通知）により通知されているが、「災害弔慰金の支給及び災害援護資金の貸付けに関する法律の一部を改正する法律」（昭和50年法律第1号（別紙1参照）以下「法」という。）及び同法施行令の一部を改正する政令（昭和50年政令第9号（別紙2参照）以下「令」という。）の施行並びにこれに伴う制度の運営については、これら通達によるほか、下記の点に留意のうえ、その円滑な実施について遺憾なきを期されたい。

記

第1　一般的事項

1　制度改正の目的

本制度は、第71回国会において立法化され、昭和49年1月1日より施行されてきているが、最近の社会経済の諸情勢の変化にかんがみ災害弔慰金の支給額及び災害援護資金の貸付け限度額の引上げを行い、自然災害により被害をこうむった個人に対する救済措置としての一層の役割を果たすよう改正されたこと。

2　実施体制

本制度は、市町村（特別区を含む。以下同じ。）条例の定めるところにより実施されるものであり、条例改正に関する条例準則は、別紙3のとおりであるので条例の改正等について十分指導されたいこと。

第2　災害弔慰金の支給について

1　制度改正の概要

災害弔慰金の額は、これまで死亡者一人当たり50万円以内となっていたが、今回の改正により、死亡者のその世帯における生計維持の状況を勘案して政令で定めることとなったこと。

2　災害弔慰金の額

（1） 災害弔慰金の額は、具体的には、死亡者が災害弔慰金を受ける遺族（以下「受給遺族」という。）の生計を主として維持していた場合にあっては100万円以内であり、その他の場合にあっては50万円以内であること。

（2） 2の（1）における「生計を主として維持していた場合」とは、社会通念上、死亡者が受給遺族の主たる扶養者であったとみられる場合で、かつ、受給遺族に収入がない場合又は受給遺族の収入が所得税法（昭和40年法律第33号）第2条第1項第33号ロに規定する控除対象配偶者に係る所得金額の制限を受ける程度（昭和50年1月現在、この額は、70万円である。）以内の場合をいうこと（所得税法第2条第1項第33号ロ及び第28条第3項第1号参照）。

なお、ここでいう収入とは、当該死亡者の死亡当時における受給遺族の恒常的な収入をいうものであること。

3 災害弔慰金を支給する遺族の順位

災害弔慰金を支給する遺族の順位については、各市町村条例により定められているところであるが、今回の改正の趣旨に沿うよう、その順位を遺族のうち死亡者が死亡当時においてその生計を主として維持していた者を先とし、その他の者を後とするよう改正されたいこと。

4 災害弔慰金の支給に必要な調査

災害弔慰金の支給に際しての遺族の状況等の調査において、今後、死亡者と遺族の扶養・被扶養関係についても調査されたいこと。

第3 災害援護資金の貸付けについて

1 制度改正の概要

災害援護資金の貸付限度額は、これまで50万円を超えない範囲内で政令で定めることとなっていたが、今回の法改正により50万円の枠をはずし、単に政令で定めることとなったこと。これを受けて、改正後の政令では、限度額を100万円とし、ただし厚生大臣が被害の種類及び程度を勘案して定める場合は、70万円、60万円、40万円又は30万円とされたこと。

2 貸付け限度額

災害援護資金の貸付け限度額は、次のとおりであること。

（1） 療養に要する期間がおおむね1月以上である世帯主の負傷（以下「世帯主の負傷」という。）があり、かつ、次のいずれかに該当する場合

ア 家財についての被害金額がその家財の価額のおおむね3分の1以上

である損害（以下「家財の損害」という。）及び住居の損害がない場合　30 万円

イ　家財の損害があり、かつ、住居の損害がない場合　　60 万円

ウ　住居が半壊した場合　　70 万円

エ　住居が全壊した場合　　100 万円

（２）　世帯主の負傷がなく、かつ、次のいずれかに該当する場合

ア　家財の損害があり、かつ、住居の被害がない場合　　30 万円

イ　住居が半壊した場合　　40 万円

ウ　住居が全壊した場合（エの場合を除く。）　　70 万円

エ　住居の全体が損壊し、若しくは流失し、又はこれと同等と認められる特別の事情があった場合　　100 万円

ここでいう特別の事情があった場合とは、被災した住居の建て直しに際してその住居の残存部分を取り壊さざるをえない場合等が考えられているが、これに関しては厚生大臣が別に定めることとされているので、厚生省に協議されたいこと。

なお、住居の全壊又は半壊の場合に関する限度額は、家財の被害の有無を問わないこと（重複被害として限度額を２つの限度額の和としないこと）に注意されたいこと。

第４　施行期日等

法及び令は、ともに昭和 50 年１月 23 日に公布、施行され、同日以後に生じた災害に関して適用されるものであること。

別紙１

災害弔慰金の支給及び災害援護資金の貸付けに関する法律の一部を改正する法律（昭和 50 年法律第１号）

災害弔慰金の支給及び災害援護資金の貸付けに関する法律（昭和 48 年法律第 82 号）の一部を次のように改正する。

第３条第３項中「50 万円」を「100 万円を超えない範囲で死亡者のその世帯における生計維持の状況を勘案して政令で定める額」に改める。

第８条第２項中「50 万円をこえない範囲内で」を削る。

附　則

この法律は、公布の日（昭和 50 年１月 23 日）から施行する。

別紙２

災害弔慰金の支給及び災害援護資金の貸付けに関する法律施行令の一部を改正する政令（昭和50年政令第９号）

内閣は、災害弔慰金の支給及び災害援護資金の貸付けに関する法律（昭和48年法律第82号）第３条第３項及び第８条第２項の規定に基づき、この政令を制定する。

災害弔慰金の支給及び災害援護資金の貸付けに関する法律施行令（昭和48年政令第374号）の一部を次のように改正する。

第１条の次に次の１条を加える。

（法第３条第３項に規定する政令で定める額）

第１条の２　法第３条第３項に規定する政令で定める額は、死亡者が死亡当時においてその死亡に関し災害弔慰金を受けることができることとなる者の生計を主として維持していた場合にあっては100万円とし、その他の場合にあっては50万円とする。

第７条第１項中「50万円」を「100万円」に、「30万円又は20万円」を「70万円、60万円、40万円又は30万円」に改める。

附　則

この政令は、公布の日（昭和50年１月23日）から施行する。

別紙３

災害弔慰金の支給及び災害援護資金の貸付けに関する条例の一部を改正する条例準則

災害弔慰金の支給及び災害援護資金の貸付けに関する条例（昭和　年条例第　号）の一部を次のように改正する。

第４条第１項を次のように改める。

災害弔慰金を支給する遺族の範囲は、法第３条第２項の遺族の範囲とし、その順位は、次に掲げるとおりとする。

１　死亡者の死亡当時において、死亡者により生計を主として維持していた遺族を先にし、その他の遺族を後にする。

２　前号の場合において、同順位の遺族については、次に掲げる順序とする。

イ　配偶者

ロ　子

ハ　父母

ニ　孫

ホ　祖父母

第４条第２項中「父母及び祖父母については、死亡した者の死亡の当時その者によって生計を維持し、又はその者と生計をともにした者を先にし」を削る。

第５条を次のように改める。

（災害弔慰金の額）

第５条　災害により死亡した者１人当たりの災害弔慰金の額は、その死亡者が死亡当時においてその死亡に関し災害弔慰金を受けることができることとなる者の生計を主として維持していた場合にあっては○万円とし、その他の場合にあっては○万円とする。

第10条中第２項を削り、第３項を第２項とし、第１項を次のように改める。

災害援護資金の１災害における１世帯当たりの貸付限度額は、災害による当該世帯の被害の種類及び程度に応じ、それぞれ次の各号に掲げるとおりとする。

（１）　療養に要する期間がおおむね１月以上である世帯主の負傷（以下「世帯主の負傷」という。）があり、かつ、次のいずれかに該当する場合

イ　家財についての被害金額がその家財の価額のおおむね３分の１以上である損害（以下「家財の損害」という。）及び住居の損害がない場合　30万円

ロ　家財の損害があり、かつ、住居の損害がない場合　　60万円

ハ　住居が半壊した場合　　70万円

ニ　住居が全壊した場合　　100万円

（２）　世帯主の負傷がなく、かつ、次のいずれかに該当する場合

イ　家財の損害があり、かつ、住居の被害がない場合　　30万円

ロ　住居が半壊した場合　　40万円

ハ　住居が全壊した場合（ニの場合を除く。）　　70万円

ニ　住居の全体が損壊し、若しくは流失し、又はこれと同等と認められる特別の事情があった場合　　100万円

附　則

この条例は、公布の日から施行する。

○災害の被害認定基準について

［平成13年6月28日府政防第518号警察庁警備局長、消防庁次長、厚生労働省社会・援護局長、中小企業庁次長、国土交通省住宅局長あて　内閣府政策統括官（防災担当）通知］

災害の被害認定基準は、災害時の被害状況の報告のため、関係各省庁の通達等で定めていたものであるが、判断基準について各省庁に差異があることから、昭和43年6月に統一されたものである。

しかしながら、災害の被害認定基準はその後既に30数年が経過しており、特に住家の被害については、建築技術の進歩による住宅構造や仕様の変化などから、最近の災害に係る住家の被害認定については実情に合わないのではないかとの指摘がなされた。

このような状況から、現行の被害認定基準のうち住家の全壊・半壊に係る認定基準について、関係省庁等の参加の下、内閣府に設置された「災害に係る住宅等の被害認定基準検討委員会」において検討を行った結果、このたび成案を得たので、内閣総理大臣官房審議室長通知「災害の被害認定基準の統一について（昭和43年6月14日総審第115号)」において通知した統一基準を別紙のとおり改めることとした。

従って、貴省庁におかれては、災害の被害状況の報告等の重要性にかんがみ、この方向で統一するようよろしくお取り計らい願いたい。

なお、この案に基づき、災害の被害認定基準に関する通達等において所要の改正を行われた場合には、当方にも通知されるようお願いする。

別紙

被害種類	認定基準
死　者	当該災害が原因で死亡し、死体を確認したもの、または死体を確認することができないが死亡したことが確実なものとする。
行方不明者	当該災害が原因で所在不明となり、かつ死亡の疑いのあるものとする。

重傷者 軽傷者	災害のため負傷し、医師の治療を受けまたは受ける必要のあるもののうち、「重傷者」とは１月以上の治療を要する見込みの者とし、「軽傷者」とは、１月未満で治療できる見込みの者とする。
住家全壊 （全焼・全流失）	住家がその居住のための基本的機能を喪失したもの、すなわち、住家全部が倒壊、流失、埋没、焼失したもの、または住家の損壊が甚だしく、補修により元通りに再使用することが困難なもので、具体的には、住家の損壊、焼失若しくは流失した部分の床面積がその住家の延床面積の70％以上に達した程度のもの、または住家の主要な構成要素の経済的被害を住家全体に占める損害割合で表し、その住家の損害割合が50％以上に達した程度のものとする。
住家半壊 （半焼）	住家がその居住のための基本的機能の一部を喪失したもの、すなわち、住家の損壊が甚だしいが、補修すれば元通りに再使用できる程度のもので、具体的には、損壊部分がその住家の延床面積の20％以上70％未満のもの、または住家の主要な構成要素の経済的被害を住家全体に占める損害割合で表し、その住家の損害割合が20％以上50％未満のものとする。
住　家	現実に居住のため使用している建物をいい、社会通念上の住家であるかどうかを問わない。
非住家	住家以外の建築物をいうものとする。 なお、官公署、学校、病院、公民館、神社、仏閣等は非住家とする。ただし、これらの施設に、常時、人が居住している場合には、当該部分は住家とする。

（注）

（１）　住家被害戸数については「独立して家庭生活を営むことができるように建築された建物または完全に区画された建物の一部」を戸の単位として算定するものとする。

（２）　損壊とは、住家が被災により損傷、劣化、傾斜等何らかの変化を生じることにより、補修しなければ元の機能を復元し得ない状況に至ったものをいう。

（３）　主要な構成要素とは、住家の構成要素のうち造作等を除いたものであって、住家の一部として固定された設備を含む。

○災害弔慰金の支給等に関する法律施行令の一部を改正する政令の施行について（施行通知）

〔平成18年1月5日社援発第0105001号兵庫県知事あて　厚生労働省社会・援護局長通知〕

災害弔慰金の支給等に関する法律施行令の一部を改正する政令（平成18年政令第1号。以下「改正政令」という。）が、別紙のとおり本日付けをもって公布され、同日付で施行されることとなった。

改正後の本制度の運用については、下記の点に留意の上、その円滑な実施について遺憾なきを期されたい。

記

第1　改正政令の概要

1　阪神・淡路大震災に係る災害援護資金に関する府県の貸付金について、市町(指定都市を除く。)が改正後の災害弔慰金の支給等に関する法律施行令(以下「新令」という。）第11条第1項の規定により償還金の支払を猶予したときは、地方自治法施行令第171条の6第1項の規定の適用については、同項第5号に該当するものとみなすこととしたこと。

2　阪神淡路大震災に係る災害援護資金に関する国の貸付金について、

（1）府県が、市町（指定都市を除く。）に対し、地方自治法施行令第171条の6第1項の規定により府県の貸付金の償還期限を延長したとき、

（2）指定都市が新令第11条第1項の規定により償還金の支払を猶予したときは、国の債権の管理等に関する法律（以下「債権管理法」という。）第24条第1項の規定の適用については、同項第6号に該当するものとみなすこととしたこと。

3　2の場合における国の貸付金の償還期限の延長については、債権管理法第26条第1項の規定は適用されないものとし、担保を提供させたり延納利息を附されたりされないこととしたこと。

第2　施行期日

改正政令は、平成18年1月5日に公布、施行されたこと。

○東日本大震災に対処するための特別の財政援助及び助成に関する法律等の施行に伴う災害援護資金貸付の特例措置について（施行通知）

［平成23年5月2日社援発0502第1号
各都道府県知事・各指定都市市長あて
厚生労働省社会・援護局長通知］

「東日本大震災に対処するための特別の財政援助及び助成に関する法律（平成23年法律第40号。以下「特別法」という。）」及び「東日本大震災に対処するための特別の財政援助及び助成に関する法律の厚生労働省関係規定の施行等に関する政令（平成23年政令第131号。以下「特別令」という。）」が平成23年5月2日に公布、施行され、これらに基づいて、東日本大震災の被災者について災害弔慰金の支給等に関する法律（昭和48年法律第82号。以下「災害弔慰金法」という。）及び災害弔慰金の支給等に関する法律施行令（昭和48年政令第374号。以下「災害弔慰金令」という。）の特例措置が講じられたところである。

その内容及び留意事項は下記のとおりであるので、御了知の上、貴管内市町村（特別区を含む。以下同じ。）に対して周知徹底を図り、円滑な実施について遺漏なきを期されたい。

記

1　災害援護資金貸付の特例措置の内容

東日本大震災の被災者に適用される災害援護資金の特例措置は、次のとおりである。

（1）　対象（特別法第103条第1項、特別令第14条第1項関係）

①　特例措置の対象者は、東日本大震災により著しい被害を受けた者であることの証明を市町村長その他相当な機関から受けた者である。なお、「その他相当な機関」とは、例えば、消防署長、医師などである。

このことに関し、市町村において、東日本大震災により災害援護資金の貸付け対象者の要件を満たすこととなった事実を確認できるのであれば、「その他の相当な機関」の証明文書は不要である。

②　貸付けの対象となる被害の認定については、貸付けを受けようとする者の申告に基づき、必要な調査をして確認することとなっている。しかし、災害援護資金借入申込書に官公署が発行する罹災証明書、被災証明書等の写しが添付されていること又は市町村の被災台帳等を確認することにより

被害の認定ができる場合には、この調査を省略して差し支えない。

（2） 貸付けを受けられる期間（特別法第103条第1項、特別令第14条第2項関係）

東日本大震災の被災者については、貸付けを受けられる期間は、東日本大震災の発災(平成23年3月11日)後から平成30年3月31日までとなる。

（3） 償還期間等の特例延長（特別法第103条第1項、特別令第14条第5項、災害弔慰金法第10条第3項、災害弔慰金令第7条第2項関係）

通常の償還期間は10年、そのうち据置期間は3年（厚生労働大臣が定める被害の程度その他の事情を勘案して定める場合は5年)とされている。東日本大震災の被災者については、償還期間は13年、そのうち据置期間が6年（厚生労働大臣が定める被害の程度その他の事情を勘案して定める場合は8年）となる。

この長い据置期間が適用される「厚生労働大臣が定める被害の程度その他の事情を勘案して定める場合」とは、次のいずれかに該当し、かつ、市町村長が特に必要と認めた場合である。

① 災害援護資金の貸付けが行われる被害を受けた時の前1年以内に、当該貸付けを行う市町村を含む都道府県の区域内で災害救助法（昭和22年法律第118号）による救助が行われた災害〔別の災害〕により、世帯主が療養におおむね1月以上要する重傷を負う被害又は住居若しくは家財の3分の1以上の被害（自然災害以外によって生ずる被害で、これに相当するものを含む。）を受けた場合

② 当該被害の原因となった災害により世帯主が死亡した場合又は世帯主が地方税法施行令（昭和25年政令第245号）第7条に規定する障害者となった場合

③ 生活保護を受けている世帯又は市町村民税非課税世帯が被災した場合

④ 当該被害の原因となった災害により住居が全壊した場合

地方税法施行令（抄）

（障害者の範囲）

第7条 法第23条第1項第9号に規定する政令で定める者は、次に掲げる者とする。

1　精神上の障害により事理を弁識する能力を欠く常況にある者又は児童相談所、知的障害者福祉法（昭和35年法律第37号）第9条第5項に規定する知的障害者更生相談所、精神保健及び精神障害者福祉に関する法律（昭和25年法律第123号）第六条第一項に規定する精神保健福祉センター若しくは精神保健指定医の判定により知的障害者とされた者

2　前号に掲げる者のほか、精神保健及び精神障害者福祉に関する法律第45条第2項の規定により精神障害者保健福祉手帳の交付を受けている者

3　身体障害者福祉法（昭和24年法律第283号）第15条第4項の規定により交付を受けた身体障害者手帳に身体上の障害がある者として記載されている者

4　前3号に掲げる者のほか、戦傷病者特別援護法（昭和38年法律第168号）第4条の規定により戦傷病者手帳の交付を受けている者

5　前2号に掲げる者のほか、原子爆弾被爆者に対する援護に関する法律（平成6年法律第117号）第11条第1項の規定による厚生労働大臣の認定を受けている者

6　前各号に掲げる者のほか、常に就床を要し、複雑な介護を要する者

7　前各号に掲げる者のほか、精神又は身体に障害のある年齢65歳以上の者で、その障害の程度が第1号又は第3号に掲げる者に準ずるものとして市町村長（社会福祉法（昭和26年法律第45号）に定める福祉に関する事務所が老人福祉法（昭和38年法律第133号）第5条の4第2項各号に掲げる業務を行つている場合には、当該福祉に関する事務所の長。第7条の15の7第6号において「市町村長等」という。）の認定を受けている者

（4）　保証人の取扱、利率の引下げ（特別法第103条第1項、特別令第14条第3項及び第7項、災害弔慰金法第10条第4項、災害弔慰金令第8条及び第10条関係）

通常の借入に当たっては、保証人を立てなければならないとされている。東日本大震災の被災者については、保証人を立てなくてもよいこととなる。

据置期間経過後の利率（延滞利息を除く。）は、通常は年3％とされて

いる。東日本大震災の被災者については、保証人を立てる場合は無利子とし、保証人を立てない場合は年1.5%となる。なお、この保証人とは、民法にいう連帯保証人であることに留意されたい。

（5） 償還免除の事由の特例追加（特別法第103条第1項、特別令第14条第4項、災害弔慰金法第13条第1項関係）

通常の償還免除の事由は、借受人が死亡したこと又は重度障害により償還できなくなったと認められることである。東日本大震災の被災者への貸付けについては、支払期日到来から10年経過後において、なお無資力又はこれに近い状態にあり、かつ、償還金を支払うことができる見込みがない場合も、免除要件に該当することとなる。

（6） 都道府県の貸付金の償還期間等の延長（特別法第103条第2項、特別令第14条第5項、災害弔慰金法第11条、災害弔慰金令第13条関係）

都道府県の市町村に対する貸付金の償還期間（据置期間を含む。）は、通常11年である。東日本大震災の被災者への貸付けについては、償還期間（据置期間を含む。）は、14年となる。

（7） 国の貸付金の償還期間等の延長（特別法第103条第2項、特別令第14条第6項、災害弔慰金法第12条、災害弔慰金令第14条関係）

国の指定都市又は都道府県に対する貸付金の償還期間（据置期間を含む。）は、通常12年（指定都市に対するものについては11年）である。東日本大震災の被災者への貸付けについては、償還期間（据置期間を含む。）は、15年（指定都市に対するものについては14年）となる。

2 留意事項

（1） 災害援護資金の貸付けは、市町村条例の定めるところにより実施されるものであり、条例改正に関する条例（例）及び条例施行規則（例）は、別紙1及び別紙2のとおりであるので、管内市町村に対し、条例の改正等について周知されたい。

また、災害援護資金の貸付に係る各種様式についても、特例措置の内容を反映させる等の措置を講じられたい。

仮に、条例の改正の前に貸付けを行う場合には、本特例措置は、東日本大震災の発災日（平成23年3月11日）に遡って適用されることから、貸付けに当たって、本特例措置の内容を説明するとともに、条例制定後速やかに災害援護資金貸付変更決定通知書等（別添3）を送付するなどして、その旨を周知されたい。

なお、保証人を立てて借受を行った者が保証人を立てないことに変更する旨の申請があれば、保証人への連絡を含め、適切に対応されたい。

（２）　貸付けについては、「災害弔慰金の支給及び災害援護資金の貸付けに関する法律等の施行について」（昭和49年２月28日社施第34号厚生省社会局長通知）等により行われているが、今般の東日本大震災の被災者に対する貸付けについては、これら通知等に定めるところにかかわらず、次のとおりとされたい。

①　災害援護資金は、自然災害により、世帯主が負傷を負い、又は住居、家財等が相当程度の被害を受けた世帯の世帯主に対し、その生活の立直しに資するための資金として市町村が貸付けを行うものであるが、今般の東日本大震災の被害の甚大さにかんがみ、貸付申込みに際して資金の使途の申告を要しないこととする。

②　災害援護資金の貸付けを受けるに当たり保証人を立てる場合は、保証人は原則として借受人と同一市町村に居住する者とされているが、同一市町村に保証人となるべき者がない場合には、他の市町村に居住している者を保証人とすることも差し支えないこととする。

（３）「東日本大震災の被災者」には、平成23年３月12日に長野県北部で発生した地震等の被災者も含まれる。

３　施行期日

今回の特例措置は、平成23年５月２日から施行されるが、適用は平成23年３月11日である。

別紙１

災害弔慰金の支給等に関する条例の一部を改正する条例（例）

災害弔慰金の支給等に関する条例（昭和　　年条例第　号）の一部を次のように改正する。

附則に次の１条を加える。

第　条　東日本大震災に対処するための特別の財政援助及び助成に関する法律（平成23年法律第40号。以下「平成23年特別法」という。）第２条第１項に規定する東日本大震災により著しい被害を受けた者で東日本大震災に対処するための特別の財政援助及び助成に関する法律の厚生労働省関係規定の施行等に関する政令（平成23年政令第131号。以下「平成23年特別令」という。）第14条第1項に定めるものに対する災害援護資金の貸付けに係る第13条第2項及び第14条の適用については、第13条第2項中「10年」とあるのは「13年」と、「3年」とあるのは「6年」と、「5年」とあるのは「8年」と、第14条中「年3パーセント」を「年1.5パーセント（保証人を立てる場合にあっては無利子）」とする。

2　前項の災害援護資金の貸付けに係る償還免除及び保証人については、第15条第3項に規定にかかわらず、平成23年特別法第103条第1項の規定により読み替えられた法第13条第1項及び平成23年特別令第14条第7項の規定によるものとする。

附　則

この条例は、公布の日から施行し、平成23年3月11日から適用する。

別紙2

災害弔慰金の支給等に関する条例施行規則の一部を改正する条例施行規則（例）

災害弔慰金の支給等に関する条例施行規則（昭和　　年条例第　号）の一部を次のように改正する。

附則に次の1条を加える。

第　条　東日本大震災に対処するための特別の財政援助及び助成に関する法律（平成23年法律第40号。以下「平成23年特別法」という。）第2条第1項に規定する東日本大震災により著しい被害を受けた者で東日本大震災に対処するための特別の財政援助及び助成に関する法律の厚生労働省関係規定の施行等に関する政令（平成23年政令第131号。以下「平成23年特別令」という。）第14条第1項に定めるものに対する災害援護資金の貸付けに係る第6条第3項の適用については、「その者の被災の日の属する月の翌月1日から起算して3月を経過する日」とあるのは「平成30年3月31日」とする。

2　前項の災害援護資金の貸付けであって保証人を立てないものに係る第9条の適用については、「保証人の連署した借用書」とあるのは「借用書」と、「資金の貸付けを受けた者（以下「借受人」という。）及び保証人の印鑑証明書」とあるのは「資金の貸付けを受けた者（以下「借受人」という。）の印鑑証明書」とする。

附　則

この条例は、公布の日から施行し、平成23年3月11日から適用する。

別紙３（参考）

第　　号
平成　　年　　月　　日

市〔区・町・村〕長　　　印

殿

災害援護資金貸付変更決定通知書

平成　年　月　日付けで決定したあなたの災害援護資金貸付（貸付番号　　）については、「東日本大震災に対処するための特別財政援助及び助成に関する法律（平成 23 年法律第○号）」及び「東日本大震災に対処するための特別の財政援助及び助成に関する法律の厚生労働省関係規定の施行等に関する政令（平成 23 年政令第○号）」により、あなたに有利となるよう、貸付内容の変更を決定しましたので、お知らせします。

既に提出していただいた災害援護資金借用書の記載事項は、下記のとおり変更されたこととなりますので、新たな手続は不要です。

記

貸付金　　　　　　　　　円

措置期間（変更前）平成　年　月　日から平成　　年　月　日
（変更後）　　　同　上　　から　　　年　月　日

償還期間（変更前）平成　年　月　日から平成　　年　月　日
（変更後）平成　年　月　日から平成　　年　月　日

償還方法　　　　年賦・半年賦
利　率（変更前）　　年３％
（変更後）　　無利子（保証人あり）
年 1.5%（保証人なし）

この通知は、貸付時に交付した災害援護資金貸付決定通知書と一緒に、大切に保管しておいてください。

○東日本大震災に係る災害援護資金貸付の取扱いについて

［平成23年5月25日社援総発0525第1号各都道府県・各指定都市災害援護資金主管部（局）長あて　厚生労働省社会・援護局総務課長通知］

災害弔慰金の支給等に関する法律（昭和48年9月18日法律第82号）第10条の規定による災害援護資金貸付に関しては、「東日本大震災に対処するための特別の財政援助及び助成に関する法律」（平成23年5月2日法律第40号）（以下「特例法」という。）により、東日本大震災に係る災害援護資金貸付については償還期間の延長等の改正が行われたところである。

今般の震災においては、震災や津波により市町村全体が甚大な被害を被ったために自家用車がなければ遠方への買い出し等の日常生活ができないような状況も生じていることから、災害援護資金貸付については、以下の取扱いとすることとしたので、御了知の上、管下市町村へ御周知願いたい。

記

1　災害弔慰金の支給等に関する法律第10条第1項第2号に規定する「家財の損害」については、今般の震災に関しては、自家用車の損害も含むこととする。このため、今般の震災により自家用車のみに損害を受けた被災者についても、その損害がその被災者の自家用車を含めた家財の3分の1以上の損害となる場合は、同項に規定する「被害」として、災害援護資金貸付の対象となりうる。

2　災害援護資金を自家用車の買換・購入のための資金に充てることは、同項に規定する被災者の「生活の立て直しのために資するため」に当たる。したがって、今般の震災に関し、特例法により原則無利子（保証人がいない場合には、年1.5%）に軽減された災害援護資金貸付を自家用車の買換・購入のために利用できることに留意されたい。

○阪神・淡路大震災の際に貸付けが行われた災害援護資金に係る国庫負担金の取扱いについて

〔平成27年4月22日府政防338号大阪府・兵庫県・大阪市・神戸市災害援護資金主管部（局）長あて内閣府政策統括官（防災担当）通知〕

災害弔慰金の支給等に関する法律（昭和48年法律第82号。以下「法」という。）第10条に規定する災害援護資金（以下「災害援護資金」という。）は、自然災害により住居や家財に被害を受けた場合又は世帯主が負傷した場合に、その世帯の生活の立て直しを支援することを目的として、市町村が貸付けを行うものである。

国においては、市町村が災害援護資金の貸付けを行う場合、地方自治法（昭和22年法律第67号）第252条の19第1項の指定都市（以下「指定都市」という。）又は貸付けを行った市町村（指定都市を除く。）を包括する都道府県（以下「都道府県等」という。）に対し、災害援護資金の原資として貸付額の3分の2を貸し付けているところである。

災害援護資金の償還期限は貸付けから10年間とされているが、平成7年1月17日に発生した阪神・淡路大震災においては、被災後十分に生活再建を図ることができず、資力が乏しいために償還が滞っている借受人又はその保証人（以下「債務者」という。）も多数いた。このため、災害援護資金の貸付けを行った市町村においては、可能な限り償還を行うことができるよう、災害弔慰金の支給等に関する法律施行令（昭和48年政令第374号。以下「令」という。）に基づき、個々の借受人の資力状況を勘案しながら、償還期限の延長を行い、債権回収に努めてきたが、現在も引き続き未償還状態にある債務者がいる。

今般、関係法令の規定を踏まえ、当該災害援護資金の貸付けのために国が都道府県等に対して貸し付けた貸付金の償還免除の取扱いについて、関係法令の定めるところにより、下記3のとおり定めたので通知する。

大阪府及び兵庫県（以下「府県」という。）におかれては、阪神・淡路大震災の際に災害援護資金の貸付けを行った市又は町（以下「市町」という。）に対し、本取扱いを周知し、本取扱いを踏まえ適切に対応するよう伝達するとともに、必要に応じ助言を行うようお願いする。また、大阪市及び神戸市（以下「両指定都市」という。）におかれては、この取扱いを踏まえ適切に対応されるようお願いする。

記

1 法令上の規定について

（1） 市町村が貸付けを行った災害援護資金の償還期限の延長について

市町村が貸付けを行った災害援護資金については、借受人が災害、盗難、疾病、負傷その他やむを得ない理由により、支払期日までに償還金を支払うことが著しく困難になったと認められるときは、令第11条第1項に基づき、市町村は当該借受人について償還金の支払いを猶予することができるとされている。

阪神・淡路大震災において府県から貸付けを行った市町への貸付金については、令附則第2項に基づき、市町が令第11条第1項の規定により災害援護資金の借受人について償還金の支払いを猶予したときは、地方自治法施行令第171条の6第1項第5号に該当することとみなし、府県は、市町に対する債権の履行期限を延長することができるとされている。

さらに、令附則第3項により、府県が市町に対し地方自治法施行令第171条の6第1項の規定により府県の貸付金の償還期限を延長したとき、又は、両指定都市が令第11条第1項の規定により借受人に対し償還金の支払いを猶予したときは、国の債権の管理等に関する法律（昭和31年法律第114号。以下「債権管理法」という。）第24条第1項第6号に該当するものとみなし、債務者が無資力又はこれに近い状態にあり、債務者からの貸付金の回収が著しく困難であるため、当該債務者がその債務の全部又は一部を一時に履行することが困難であるときは、国は、当該府県又は両指定都市に対して、債権の履行期限の延長を行うことができるとされている。

（2） 市町村が貸付けを行った災害援護資金の償還免除について

① 借受人が無資力又はこれに近い状態にある場合

（1）により履行期限の延長を行った債権のうち、債務者が無資力又はこれに近い状態にあるため履行期限の延長を行った債権について、市町村は、地方自治法施行令第171条の7第1項に基づき、当初の履行期限から10年を経過した後において、なお、債務者が無資力又はこれに近い状態にあり、かつ、弁済することができる見込みがないと認められるときは、当該債権を免除することができるとされている。

また、府県は、市町が同項に基づき貸付金の免除を行った場合には、同条第2項に基づき、市町に対する債権を免除することができるとされている。

さらに、債権管理法第32条第２項に基づき、国は、債務者が無資力又はこれに近い状態にあり、かつ、弁済することができることとなる見込みがないことを理由として両指定都市が貸付金の償還免除を行った場合及び市町が災害援護資金の償還免除を行った場合であって、府県が債務者に対する災害援護資金の償還免除を行った市町に対する債権の免除を行ったときは、その債権の償還免除を行うことができるとされている。

②　借受人が死亡又は重度障害の場合

借受人が死亡したとき又は精神若しくは身体に著しい障害を受けたため災害援護資金を償還することができなくなったと認められるときは、市町村は、法第13条第１項に基づき、当該災害援護資金の未償還額の全額又は一部を免除することができるとされている。ただし、同項及び令第12条に基づき、当該借受人の保証人が当該未償還額を償還することができると認められる場合は、免除を行うことができないとされている。

この場合において、同条第２項に基づき、都道府県は、市町村が同条第１項に基づき借受人からの災害援護資金の償還を免除したときは、免除した金額に相当する金額の貸付金の償還を免除することとされている。

さらに、同条第３項に基づき、国は、都道府県等が同条第１項又は第２項の規定により災害援護資金又は貸付金の償還を免除したときは、当該都道府県等に対し、その免除した金額の３分の２に相当する金額の貸付金の償還を免除することとされている。

（３）　保証人について

令第８条第１項において、災害援護資金の貸付けを受けようとする者は保証人を立てなければならないとされており、また、同条第２項において、保証人は災害援護資金の貸付けを受けた者と連帯して債務を負担することとされている。

２　１の規定に係る現行の取扱いについて

（１）　借受人が無資力又はこれに近い状態にある場合における償還期限の延長について

市町村は、借受人が「無資力又はこれに近い状態にある」場合に、当該借受人に対する債権の償還金の支払いを猶予することができるが、これまで、当該借受人が次のような場合に「債務者が無資力又はこれに近い状態」

として取り扱ってきたところである。

① 破産法（平成16年法律第75号）第253条第1項又は民事再生法（平成11年法律第225号）第178条第1項の規定により当該債権につきその責任を免れた場合

② 生活保護法（昭和25年法律第144号）第2条に基づく保護を受給している場合等、現に償還できていない場合

③ 債務者が令11条により支払の猶予を受け、少額ながら償還を継続している場合

この取扱いにより、これまで、平成18年、平成23年及び平成26年にそれぞれ、償還期限の5年間、3年間及び3年間の延長が行われたところである。

（2） 借受人が死亡又は重度障害の場合における償還免除について

法13条及び令12条により、市町村は、借受人が死亡したとき又は精神若しくは身体に著しい障害を受けたため災害援護資金を償還することができなくなったと認められ、かつ、当該借受人の保証人が当該未償還額を償還することができると認められない場合に、当該借受人に対する債権の償還を免除することができるが、これまで、当該借受人の保証人が次のような場合に「当該未償還額を償還することができると認められない場合」として取り扱ってきたところである。

・死亡したとき又は精神若しくは身体に著しい障害を受けた場合

・破産法（平成16年法律第75号）第253条第1項又は民事再生法（平成11年法律第225号）第178条第1項の規定により当該債権につきその責任を免れた場合

・行方不明の場合

3 償還免除の取扱いについて

（1） 借受人が無資力又はこれに近い状態にある場合

阪神・淡路大震災の際に貸付けが行われた災害援護資金については、当初の償還期限から10年を経過する債権が生じることとなる。当初の償還期限から10年を経過した後において、なお、債務者が無資力又はこれに近い状態にあり、かつ、弁済することができる見込みがないと認められる債権については、地方自治法施行令第171条の7に基づき、市町村は当該債務者に対する債権を、また、当該市町村が当該債務者に対する債権を免

除した場合には、債権管理法第32条第2項に基づき、国は、当該災害援護資金の貸付けのために国が府県又は両指定都市に対して貸し付けた貸付金の償還を、それぞれ免除することが可能となる。

この場合における「債務者が無資力又はこれに近い状態」は、債務者が2（1）①から③のいずれかに該当する場合であり、このうち「弁済することができる見込みがないと認められる債権」は、債務者が2（1）の①又は②の状況にある債権をいう。なお、債務者が2（1）の③の状況にある債権については、市町村において、債務者が現に償還できていない状態となった場合に、債務者の収入の状況や年齢、家族の状況等にかんがみ当該債務者が将来にわたっても債権を弁済することができることとなる見込みがないと客観的に判断できる場合には、「弁済することができる見込みがないと認められる債権」とすることができる。

災害援護資金の貸付けに当たっては、借受人と連帯して債務を負担することとされている保証人が立てられていることから、災害援護資金の償還免除については、借受人とその保証人がともに上記の状況にある場合、又は借受人が上記の状況にある場合で、保証人が死亡又は重度障害の場合に可能となるものである。

（2）　借受人が死亡又は重度障害の場合

今般、阪神・淡路大震災の際に貸付けが行われた災害援護資金のうち当初の償還期限から10年を経過する債権のうち、債務者が無資力又はこれに近い状態にあり、かつ、弁済することができる見込みがないと認められるものについて、3（1）のとおり債権の償還を免除することができることとすることに伴い、当該借受人の保証人が次のような場合についても令第12条における「当該未償還額を償還することができると認められない場合」として取り扱うこととする。

・債務者の収入の状況や年齢・家族の状況等にかんがみ当該債務者が、将来にわたり債務を弁済することができることとなる見込みがないと客観的に判断できる場合

○災害弔慰金の支給等に関する法律の一部を改正する法律の公布について

［令和元年６月７日府政防第124号各都道府県知事・各指定都市市長あて内閣府政策統括官（防災担当）通知］

本日、災害弔慰金の支給等に関する法律の一部を改正する法律（令和元年法律第27号。以下「改正法」という。）が公布され、同法は本年８月１日から施行されることとなりました。

改正法は、災害援護資金の貸付けを受けた者が置かれている状況等に鑑み、償還金の支払猶予、償還免除の対象範囲の拡大、償還免除の特例、市町村における合議制の機関の設置、制度の周知徹底等について定めるために、必要な措置を講ずるものです。

ついては、改正法の概要は下記のとおりですので、十分御了知いただくとともに、都道府県におかれましては域内の市町村（特別区を含み、指定都市を除く。）に対して周知いただきますようお願いします。

なお、改正法の施行について配慮すべき細部の事項について、別途通知する予定であることを申し添えます。

記

1 改正法の概要

（1）償還金の支払猶予

① 市町村は、災害その他政令で定めるやむを得ない理由により、災害援護資金の貸付けを受けた者が支払期日に償還金を支払うことが著しく困難になったと認められるときは、償還金の支払を猶予することができること。ただし、災害援護資金の貸付けを受けた者が、(3) により報告を求められて、正当な理由がなく報告をせず、又は虚偽の報告をしたときは、この限りでないこと。

② ①により償還金の支払が猶予されたときは、災害援護資金の利子の計算については、当該償還金の支払によって償還されるべきであった災害援護資金は、猶予前の支払期日に償還されたものとみなすこと。

（第13条関係）

（2）償還免除

市町村は、災害援護資金の貸付けを受けた者が死亡したとき又は精神若しくは身体に著しい障害を受けたため災害援護資金を償還することができなくなったと認められるときに加え、災害援護資金の貸付けを受けた者が破産手続開始の決定又は再生手続開始の決定を受けたときは、当該災害援護資金の償還未済額の全部又は一部の償還を免除することができるものとすること。ただし、次のいずれかに該当するときは、この限りでないこと。

①　災害援護資金の貸付けを受けた者が、(3) により報告を求められて、正当な理由がなく報告をせず、又は虚偽の報告をしたとき。

②　災害援護資金の貸付けを受けた者の保証人が、当該災害援護資金の償還未済額を償還することができると認められるとき。

（第14条関係）

（３）報告等

市町村は、この法律の規定により、償還金の支払を猶予し、又は災害援護資金の償還未済額の全部若しくは一部の償還を免除するか否かを判断するために必要があると認めるときは、災害援護資金の貸付けを受けた者又はその保証人の収入又は資産の状況について、災害援護資金の貸付けを受けた者若しくはその保証人に報告を求め、又は官公署に対し必要な文書の閲覧若しくは資料の提供を求めることができること。

（第16条関係）

（４）市町村における合議制の機関

市町村は、災害弔慰金及び災害障害見舞金の支給に関する事項を調査審議するため、条例の定めるところにより、審議会その他の合議制の機関を置くよう努めるものとすること。

（第18条関係）

（５）制度の周知徹底

国は、災害弔慰金及び災害障害見舞金の支給並びに災害援護資金の貸付けの申請の機会が確保されるよう、災害弔慰金及び災害障害見舞金の支給並びに災害援護資金の貸付けに関する制度の周知徹底を図るものとすること。

（第19条関係）

（６）被災者生活再建支援法附則に規定する都道府県の基金に対する資金の拠出があった日前に生じた災害に係る償還免除の特例

①　市町村は、被災者生活再建支援法附則に規定する都道府県の基金に対する資金の拠出があった日として内閣総理大臣が告示する日前に生じた災害

に係る災害援護資金について、当該災害援護資金の貸付けを受けた者がその収入及び資産の状況により当該災害援護資金を償還することが著しく困難であると認められる場合として内閣府令で定める場合には、当該災害援護資金の償還未済額の全部又は一部の償還を免除することができること。ただし、災害援護資金の貸付けを受けた者が、(3) により報告を求められて、正当な理由がなく報告をせず、又は虚偽の報告をしたときは、この限りでないこと。

② 都道府県は、市町村（指定都市を除く。(7) の①において同じ。）が①により災害援護資金の償還を免除したときは、当該市町村に対し、その免除した金額に相当する額の貸付金の償還を免除するものとすること。

③ 国は、指定都市又は都道府県が①又は②により災害援護資金又は貸付金の償還を免除したときは、当該指定都市又は都道府県に対し、その免除した金額の3分の2に相当する額の貸付金の償還を免除するものとすること。

（原始附則第2条関係）

（7）平成31年4月1日前に生じた災害に係る災害援護資金の保証債権に関する特例

① 平成31年4月1日前に生じた災害に係る災害援護資金の貸付けを受けた者の保証人に対して有する権利について、市町村が、当該災害援護資金の償還期間の終期から10年を経過した後に地方自治法（昭和22年法律第67号）の規定により議会の議決を経て当該権利を放棄したときは、都道府県は、当該市町村に対し、当該保証人の保証を受けた者であって内閣府令で定める事由があるものの災害援護資金の償還未済額に相当する額の貸付金の償還を免除するものとすること。

② 国は、都道府県が①により貸付金の償還を免除したときは、当該都道府県に対し、その免除した金額の3分の2に相当する額の貸付金の償還を免除するものとすること。

③ 平成31年4月1日前に生じた災害に係る災害援護資金の貸付けを受けた者の保証人に対して有する権利について、指定都市が、当該災害援護資金の償還期間の終期から10年を経過した後に地方自治法の規定により議会の議決を経て当該権利を放棄したときは、国は、当該指定都市に対し、当該保証人の保証を受けた者であって①の内閣府令で定める事由があるものの災害援護資金の償還未済額の3分の2に相当する額の貸付金の償還を

免除するものとすること。

（原始附則第３条関係）

（８）その他

その他所要の規定の整備を行うこと。

２ 施行期日等

（１）施行期日

この法律は、令和元年８月１日から施行すること。

（改正法附則第１条関係）

（２）経過措置

① この法律の施行前に市町村が地方自治法（これに基づく命令を含む。）の規定によりした１の（6）の①の災害に係る災害援護資金に係る債務の免除（１の（6）の①の場合にされたものに限る。）は、１の（6）の①による免除とみなすこと。

（改正法附則第３条関係）

② １の（7）は、この法律の施行前に、市町村が、平成31年４月１日前に生じた災害に係る災害援護資金の貸付けを受けた者の保証人に対して有する権利について、当該災害援護資金の償還期間の終期から10年を経過した後に地方自治法の規定により議会の議決を経て当該権利を放棄したときにも適用すること。

（改正法附則第４条関係）

参考１～３　略

○改正災害弔慰金法の施行について

〔令和元年7月19日府政防第257号各都道府県知事・各指定都市市長あて内閣府政策統括官（防災担当）通知〕

災害援護資金の貸付けを受けた者が置かれている状況等に鑑み、償還金の支払猶予、償還免除の対象範囲の拡大、償還免除の特例、市町村における合議制の機関の設置、制度の周知徹底等について必要な措置を講じるため、第198回国会において衆議院災害対策特別委員会提案により、災害弔慰金の支給等に関する法律の一部を改正する法律案が発議され、本年6月7日、「災害弔慰金の支給等に関する法律の一部を改正する法律(令和元年法律第27号。以下「改正災害弔慰金法」という。)」が公布されたところである。

また、改正災害弔慰金法の施行に伴い、「災害弔慰金の支給等に関する法律施行令及び東日本大震災に対処するための特別の財政援助及び助成に関する法律の厚生労働省関係規定の施行等に関する政令の一部を改正する政令（令和元年政令第61号。以下「災害弔慰金法施行令及び東日本大震災財特法施行令の改正政令」という。)」及び「災害弔慰金の支給等に関する法律の規定に基づく災害援護資金の償還免除に関する内閣府令（令和元年内閣府令第22号。以下「償還免除令」という。)」が本日公布されたところである。

これらの改正の趣旨及び内容は、下記のとおりであるので、御了知の上、都道府県におかれては市町村等関係者への周知を図るとともに、その運用に当たってよろしく御配慮願いたい。

なお、本通知においては、改正災害弔慰金法による改正後の「災害弔慰金の支給等に関する法律（昭和48年法律第82号)」については「法」と、災害弔慰金法施行令及び東日本大震災財特法施行令の改正政令による改正後の「災害弔慰金の支給等に関する法律施行令（昭和48年政令第374号)」については「施行令」とする。

記

1　法改正の内容等

（1）償還金の支払猶予

①　市町村は、災害その他政令で定めるやむを得ない理由により、災害援護資金の貸付けを受けた者が支払期日に償還金を支払うことが著しく困難に

なったと認められるときは、償還金の支払を猶予することができること。ただし、災害援護資金の貸付けを受けた者が、（３）により報告を求められて、正当な理由がなく報告をせず、又は虚偽の報告をしたときは、この限りでないこと。

② ①により償還金の支払が猶予されたときは、災害援護資金の利子の計算については、当該償還金の支払によって償還されるべきであった災害援護資金は、猶予前の支払期日に償還されたものとみなすこと。

（２）償還免除

① 市町村は、災害援護資金の貸付けを受けた者が死亡したとき又は精神若しくは身体に著しい障害を受けたため災害援護資金を償還することができなくなったと認められるときに加え、災害援護資金の貸付けを受けた者が破産手続開始の決定又は再生手続開始の決定を受けたときは、当該災害援護資金の償還未済額の全部又は一部の償還を免除することができるものとすること。ただし、次のいずれかに該当するときは、この限りでないこと。

ⅰ）災害援護資金の貸付けを受けた者が、（３）により報告を求められて、正当な理由がなく報告をせず、又は虚偽の報告をしたとき。

ⅱ）災害援護資金の貸付けを受けた者の保証人が、当該災害援護資金の償還未済額を償還することができると認められるとき。

（３）報告等

市町村は、この法律の規定により、償還金の支払を猶予し、又は災害援護資金の償還未済額の全部若しくは一部の償還を免除するか否かを判断するために必要があると認めるときは、災害援護資金の貸付けを受けた者又はその保証人の収入又は資産の状況について、災害援護資金の貸付けを受けた者若しくはその保証人に報告を求め、又は官公署に対し必要な文書の閲覧若しくは資料の提供を求めることができること。

（４）市町村における合議制の機関

市町村は、災害弔慰金及び災害障害見舞金の支給に関する事項を調査審議するため、条例の定めるところにより、審議会その他の合議制の機関を置くよう努めるものとすること。

（５）制度の周知徹底

国は、災害弔慰金及び災害障害見舞金の支給並びに災害援護資金の貸付けの申請の機会が確保されるよう、災害弔慰金及び災害障害見舞金の支給並びに災害援護資金の貸付けに関する制度の周知徹底を図るものとすること。

（６）被災者生活再建支援法附則に規定する都道府県の基金に対する資金の拠出があった日前に生じた災害に係る償還免除の特例

① 市町村は、被災者生活再建支援法附則に規定する都道府県の基金に対する資金の拠出があった日として内閣総理大臣が告示する日前に生じた災害に係る災害援護資金について、当該災害援護資金の貸付けを受けた者がその収入及び資産の状況により当該災害援護資金を償還することが著しく困難であると認められる場合として内閣府令で定める場合には、当該災害援護資金の償還未済額の全部又は一部の償還を免除することができること。ただし、災害援護資金の貸付けを受けた者が、（３）により報告を求められて、正当な理由がなく報告をせず、又は虚偽の報告をしたときは、この限りでないこと。

② 都道府県は、市町村（指定都市を除く。（７）の①において同じ。）が①により災害援護資金の償還を免除したときは、当該市町村に対し、その免除した金額に相当する額の貸付金の償還を免除するものとすること。

③ 国は、指定都市又は都道府県が①又は②により災害援護資金又は貸付金の償還を免除したときは、当該指定都市又は都道府県に対し、その免除した金額の3分の2に相当する額の貸付金の償還を免除するものとすること。

（７）平成31年4月1日前に生じた災害に係る災害援護資金の保証債権に関する特例

① 平成31年4月1日前に生じた災害に係る災害援護資金の貸付けを受けた者の保証人に対して有する権利について、市町村が、当該災害援護資金の償還期間の終期から10年を経過した後に地方自治法の規定により議会の議決を経て当該権利を放棄したときは、都道府県は、当該市町村に対し、当該保証人の保証を受けた者であって内閣府令で定める事由があるものの災害援護資金の償還未済額に相当する額の貸付金の償還を免除するものとすること。

② 国は、都道府県が①により貸付金の償還を免除したときは、当該都道府県に対し、その免除した金額の３分の２に相当する額の貸付金の償還を免除するものとすること。

③ 平成31年4月1日前に生じた災害に係る災害援護資金の貸付けを受けた者の保証人に対して有する権利について、指定都市が、当該災害援護資

金の償還期間の終期から10年を経過した後に地方自治法の規定により議会の議決を経て当該権利を放棄したときは、国は、当該指定都市に対し、当該保証人の保証を受けた者であって①の内閣府令で定める事由があるものの災害援護資金の償還未済額の３分の２に相当する額の貸付金の償還を免除するものとすること。

（8）施行期日等

①　この法律は、令和元年８月１日から施行すること。

②　この法律の施行前に市町村が地方自治法（これに基づく命令を含む。）の規定によりした（6）の①の災害に係る災害援護資金に係る債務の免除（（6）の①の場合にされたものに限る。）は、（6）の①による免除とみなすこと。

③　（7）は、この法律の施行前に、市町村が、平成31年４月１日前に生じた災害に係る災害援護資金の貸付けを受けた者の保証人に対して有する権利について、当該災害援護資金の償還期間の終期から10年を経過した後に地方自治法の規定により議会の議決を経て当該権利を放棄したときにも適用すること。

〈参考〉令和元年５月24日衆議院・災害対策特別委員会における法律案の提案理由説明（抜粋）

２　法第11条（都道府県の貸付け）関係

本起草案の趣旨及び内容につきまして、提出者を代表して御説明申し上げます。「災害弔慰金の支給等に関する法律」は、災害弔慰金及び災害障害見舞金の支給並びに災害援護資金の貸付けについて規定する法律であります。

災害援護資金は、大きな災害が発生する度に多くの被災者が利用して参りました。特に、平成七年に発生した阪神･淡路大震災においては、その当時、何よりも被災者生活再建支援法がなかったことや、義援金についても一世帯当たりでは少なかったこともあり、生活の再建に資するため、五万七千件余の世帯が総額で約一千三百二十六億円の貸付けを受けました。

災害援護資金の償還は、特例が設けられた東日本大震災を除き、十年で行うものとされております。しかしながら、阪神・淡路大震災の被災者の中には、貸付けを受けたものの生活再建が思うようにいかず、期限内の償還が困難であった方も多数いらっしゃいました。そのような方は、少額償還により返済し続けてきたところであります。一方で、その間も、神戸市など関係地方公共団体は、返済して頂くための様々な努力を続けるとともに、関係法令に基づく無資力免除なども行ってきましたが、未だ八千四百件の約百二十三億円分については国や都道府県による原資貸付金の扱いをどのようにするのかが残された課題となっており、（中略）本起草案は、このような状況等に鑑み、災害援護資金に係る償還免除の特例、償還金の支払猶予、償還免除の対象範囲の拡大等について定めようとするものであります。

（後略）

（1）趣旨

法第13条に償還金の支払猶予の規定を設けたこと、かつ、それに伴い条番号が繰り下がったこと、及び法附則第2条に被災者生活再建支援法附則に規定する都道府県の基金に対する資金の拠出があった日前に生じた災害に係る償還免除の特例規定（以下「被災者生活再建支援法施行前に生じた災害に係る償還免除規定」という。）を設けたことにより、条文上の市町村の定義に、地方自治法（昭和22年法律第67号）第252条の19第1項の指定都市（以下「指定都市」という。）が含まれるかどうかを明確にするために、所要の整備をしたものである。

（2）規定の内容

償還金の支払猶予を規定する法第13条第1項、償還免除を規定する法第14条第1項、報告等を規定する法第16条、市町村における合議制の機関を規定する法第18条、及び被災者生活再建支援法の施行前に生じた災害に係る償還免除規定を規定する法附則第2条第1項中の「市町村」には、指定都市が含まれることを明確にしたものである。

なお、これら以外の法第11条以降の「市町村」には、指定都市は除かれているものであることに留意すること。

3　法第13条（償還金の支払猶予）関係

（1）趣旨

償還金の支払猶予については、災害弔慰金法施行令及び東日本大震災財特法施行令の改正政令による改正前の施行令第10条において規定されていたが、

① 償還金の支払猶予制度は、災害援護資金の貸付けを受けた者にとって償還計画を考えるに当たっては重要な制度であり、法律上明確であることが望ましいこと、

② 改正災害弔慰金法により法第16条の報告等の規定が新設され、償還金の支払を猶予するか否かを判断するために必要であると認めるときは、市町村は収入又は資産の状況について災害援護資金の貸付けを受けた者等に報告等を求めることができることとされたこと、

から、改正災害弔慰金法により法第13条に償還金の支払猶予を規定したものである。

（2）規定の内容

市町村（指定都市を含む。）は、災害その他政令で定めるやむを得ない理由により、災害援護資金の貸付けを受けた者が支払期日に償還金を支払うことが著しく困難となったと認められるときは、償還金の支払を猶予することができるものである。

災害その他政令で定めるやむを得ない理由とは、施行令第12条により、盗難、疾病、負傷その他市町村がやむを得ないと認める事情があることとされているところである。また、「その他市町村がやむを得ないと認める事情」は、市町村の判断によるところであるが、災害援護資金の貸付けを受けた者が、経済的困窮の状態に実質的に陥っている場合や行方不明の場合も含まれうるものと考えられる。

ただし、災害援護資金の貸付けを受けた者が、法第16条の規定により報告を求められて、正当な理由がなく報告をせず、又は虚偽の報告をしたときは、この限りでないとされていることに留意すること。

償還金の支払が猶予されたときは、災害援護資金の利子の計算については、当該償還金の支払によって償還されるべきであった災害援護資金は、猶予前の支払期日に償還されたものとみなすこととされている。

なお、償還金の支払猶予を政令事項から法律に引き上げたことに伴い、災害弔慰金法施行令及び東日本大震災財特法施行令の改正政令附則第2項において、災害弔慰金法施行令及び東日本大震災財特法施行令の施行の際現に災害弔慰金法施行令及び東日本大震災財特法施行令による改正前の施行令第10条第1項の規定によりされている償還金の支払猶予は、法第13条第1項の規定によりされた償還金の支払猶予とみなすといった経過措置が規定され

ていることに留意すること。

また、災害弔慰金の支給及び災害援護資金の貸付けに関する法律等の施行について（昭和49年2月28日社施第34号各都道府県知事・指定都市市長あて厚生省社会局長通知。以下「昭和49年局長通知」という。）において、償還金の支払猶予に関して、

① 償還金の支払猶予期間は、1年以内とし、さらにその事由が継続し、とくに必要がある場合には、あらためてその手続をとらせること、

償還金の支払猶予は、支払期日までに行われなければならないが、この手続をとらずに支払を遅滞したときは、（施行令第9条に規定する）違約金を徴収するものであること、

② 令第11条第2項（改正災害弔慰金法による改正後は法第13条第2項）の規定は、償還金の支払が猶予されることにより、貸付金の利子の計算に何ら影響を及ぼさないようにしようとするものであること。したがって、猶予前の支払期日に償還すべきであった金額と同額の償還金を猶予された後の支払期日に支払えば足りるものであること、

③ 支払猶予は、保証人が支払期日に当該償還金を支払うことができるか否かには関係がないものであること、

とされていることに留意すること。

4　法第14条（償還免除）関係

（1）趣旨

災害援護資金の免除事由として、死亡又は重度障害の場合が規定されていたが、これらに加えて、新たに破産手続開始の決定又は再生手続開始の決定を受けたときについても、市町村は災害援護資金の償還未済額の全部又は一部の償還を免除することができるものとしたものである。

また、償還免除の要件を明確にするため、災害弔慰金法施行令及び東日本大震災財特法施行令の改正政令による改正前の施行令第11条に規定されていた政令事項（償還免除がされない場合）を法律に引上げたものである。

（2）規定の内容

災害援護資金の免除事由は、

① 災害援護資金の貸付けを受けた者が死亡したとき、

② 災害援護資金の貸付けを受けた者が精神又は身体に著しい障害を受けたため災害援護資金を償還することができなくなったと認められるとき、

③　災害援護資金の貸付けを受けた者が破産手続開始の決定又は再生手続開始の決定を受けたとき、

とされており、この場合、市町村（指定都市を含む。）は当該災害援護資金の償還未済額の全部又は一部の償還を免除することができるものである。

ただし、災害援護資金の貸付けを受けた者が、法第16条の規定により報告を求められて、正当な理由がなく報告をせず、又は虚偽の報告をしたとき、及び災害援護資金の貸付けを受けた者の保証人が、当該災害援護資金の償還未済額を償還することができると認められるときは、この限りではないとされていることに留意すること。

免除手続については、災害援護資金の貸付けを受けた者からの申請によることを原則とするが、申請すべき者がいない場合には、市町村による職権免除を妨げるものではない。なお、法第14条により市町村において職権免除をする場合は、条例及び条例施行規則等を整備することに留意すること。

なお、昭和49年局長通知において、償還免除に関して、

①　災害援護資金の償還の免除は、保証人に償還能力があると認められる額については、償還を免除するものでなく、その保証人に償還させること、

②　償還の免除は、借受人の保証人においても、これを申請することができるものとすること、

③　法第11条第1項（改正災害弔慰金法による改正後は法第14条第1項）に規定する「精神又は身体の著しい障害」とは、地方税法施行令第7条の15の4(現行の地方税法施行令(昭和25年政令第245号)第7条の15の7)に規定する特別障害者の範囲とすること、

とされていることに留意すること。

5　法第15条（貸付金の償還方法）関係

（1）趣旨

改正災害弔慰金法により、法第13条の償還金の支払猶予が新たに規定されたことに伴い、条番号を繰り下げるものである。

（2）規定の内容

条番号を第14条から第15条に繰り下げた法技術的な改正であり、規定内容を改正するものではないことに留意すること。

6　法第16条（報告等）関係

（1）趣旨

市町村が、償還金の支払猶予や償還免除をするか否かを判断するに当たり、災害援護資金の貸付けを受けた者又はその保証人の収入又は資産の状況を把握できるようにすることで、その者の資力状況に応じた適切な対応を可能とするものである。

（2）規定の内容

市町村（指定都市を含む。）は、法第 13 条第 1 項に規定する償還金の支払猶予、又は法第 14 条第 1 項及び法附則第 2 条第 1 項に規定する償還免除をするか否かを判断するために必要があると認めるときは、災害援護資金の貸付けを受けた者又はその保証人の収入又は資産の状況について、災害援護資金の貸付けを受けた者若しくはその保証人に報告を求め、又は官公署に対し必要な文書の閲覧若しくは資料の提供を求めることができるとするものであり、これにより、償還金の支払猶予や償還免除をするか否かを市町村が判断する際、真に資力がないかどうか等を確認でき、客観的な判断を下すことを可能とするものである。

法第 16 条の規定により、災害援護資金の貸付けを受けた者が報告を求められて、正当な理由がなく報告をせずに、又は虚偽の報告をしたときは、市町村は法第 13 条に規定する償還金の支払猶予、又は法第 14 条及び法附則第 2 条に規定する償還免除をしないことができることとなることから、実質的に借受人に対して報告義務を課していると解されるものである。

また、官公署に対し必要な文書の閲覧若しくは資料の提供を求める対象となる情報等としては、生活保護や年金受給情報などが挙げられ、併せて、地方税情報についても求めることができるものである（地方税情報の活用については、別途、通知することから、当該通知を参照されたい）。

なお、法第 16 条に基づく報告等の権限は、償還金の支払猶予又は償還免除を目的とする場合に限定されるとともに、報告等で得た情報については他目的の行政事務への流用は認められていないものであることに留意すること。

また、地方自治法施行令（昭和 22 年政令第 16 号）第 171 条の 7 第 1 項による無資力免除も含め、償還免除をした者（その保証人であった者も含む。）に対しては、法第 16 条の規定に基づく報告等の権限は行使できないことについても留意すること。

7　法第 17 条（政令への委任）関係

（１）趣旨

改正災害弔慰金法により、法第13条の償還金の支払猶予及び法第16条の報告等が新たに規定されたことに伴い、条番号を繰り下げるものである。

（２）規定の内容

条番号を第15条から第17条に繰り下げた法技術的な改正であり、規定内容を改正するものではないことに留意すること。

８　法第18条（市町村における合議制の機関）関係

（１）趣旨

法に基づき市町村が災害弔慰金及び災害障害見舞金を支給するに当たり、自然災害による死亡であるか否かの判定が困難な場合等には、医師や弁護士等の有識者による審査会等を設置し、当該審査会における審査を経て、判定しているところである。

この審査会については、それぞれの市町村が単独で設置する方法のほか、地方自治法第252条の14第１項の規定に基づき、市町村が、都道府県との協議により規約を定め、都道府県に審査会の設置及び運営を委託することも差し支えないものとされているところである。

しかし、都道府県に審査会の設置及び運営を委託した場合、支給決定までに時間がかかることも考えられることから、支給決定の迅速化の観点等から市町村ごとに審議会その他の合議制の機関を置くよう努めることとしたものである。

（２）規定の内容

市町村（指定都市を含む。）は、災害弔慰金及び災害障害見舞金の支給に関する事項を調査審議するため、条例の定めるところにより、審議会その他の合議制の機関を置くよう努めるものとするものである。

なお、参考１、２「災害弔慰金の支給等に関する条例準則」において規定例を示すこととするので、参考にされたい。

また、阪神・淡路大震災以降に設置された災害弔慰金及び災害障害見舞金に係る支給審査委員会（合議制の機関）の構成例としては、以下のとおりであることから、参考にされたい。

・委員の総数は４～７人

・委員構成職種等

医師（１～４人）

診療科目例：内科、外科、精神科、整形外科、司法監察医

弁護士（1～3人）

市職員（1人）

担当部長等

その他

大学教授、医療ソーシャルワーカー、ソーシャルワーカー等

9　法第19条（制度の周知徹底）関係

（1）趣旨

災害弔慰金及び災害障害見舞金の支給、災害援護資金の貸付けの申請機会が確保されるよう、国は災害弔慰金、災害障害見舞金、災害援護資金の制度の周知徹底を図るものとしたものである。

（2）規定の内容

被災者に対して災害弔慰金、災害障害見舞金、災害援護資金の制度の周知徹底が図られるよう、国はホームページ等で制度概要を周知することに加え、市町村における周知について助言・支援等をするものである。

10　法附則第1条（施行期日等）関係

（1）趣旨

改正災害弔慰金法により、法附則第2条以下が新たに規定されたことに伴い、条番号を新たに付与するものである。

（2）規定の内容

附則第1項を附則第1条に改正した法技術的な改正であり、規定内容を改正するものではないことに留意すること。

11　法附則第2条（被災者生活再建支援法附則に規定する都道府県の基金に対する資金の拠出があった日前に生じた災害に係る償還免除の特例）関係

（1）趣旨

被災者生活再建支援法（平成10年法律第66号）は、平成7年に発災した阪神・淡路大震災を契機として制定された法律であるが、その制定前においては、多くの被災者が災害援護資金に頼って生活再建をすることを余儀なくされたところである。

このことを踏まえ、市町村は、被災者生活再建支援法の施行前に生じた災害に係る災害援護資金について、当該災害援護資金の貸付けを受けた者がその収入及び資産の状況により、当該災害援護資金を償還することが著しく困

難であると認められる場合であって償還免除令で定める要件に該当する場合には、当該災害援護資金の償還未済額の全部又は一部の償還を免除することができることとするものである。

また、市町村が免除したときは、都道府県及び国の原資貸付金を免除するものとしている。（指定都市が免除したときは、国の原資貸付金を免除）

（2）規定の内容

1）第1項関係

被災者生活再建支援法の施行前に生じた災害に係る償還免除規定を定めるものであり、市町村（指定都市を含む。）が償還免除令第1条（法附則第2条第1項の内閣府令で定める場合）に定める要件に該当する場合、災害援護資金の貸付けを受けた者の償還未済額の全部又は一部の償還を免除することができるものである。

償還免除令第1条の内容は、以下のとおりである。

① 災害援護資金の貸付けを受けた者の収入金額（当該災害援護資金の償還を免除する年の前年の所得（当該免除を1月から5月までの間にする場合にあっては、前前年の所得）について施行令第4条の規定の例により算定した所得の金額をいう。）から租税その他の公課の金額を控除した金額が、150万円未満であること。（以下「所得基準」という。）

② 災害援護資金の貸付けを受けた者の資産の状況が、次に掲げる状態にあること。（以下「資産基準」という。）

ⅰ）償還に充てることができる居住の用に供する土地及び建物以外の資産を保有していないと認められること。

ⅱ）預貯金の金額（生活費の入金等を控除した金額をいう。）が、20万円以下であること。

免除手続については、災害援護資金の貸付けを受けた者の申請によることを原則とするが、申請すべき者がいない場合には、市町村による職権免除を妨げるものではない。なお、法附則第2条により、市町村において職権免除をする場合は、条例及び条例施行規則等を整備することに留意すること。

また、被災者生活再建支援法の施行前に生じた災害に係る償還免除規定に基づく償還の免除は、昭和49年局長通知の例に倣い、借受人の保証人においても、これを申請することができるとしている。

なお、改正災害弔慰金法附則第3条により、「改正災害弔慰金法の施行前に市町村（特別区を含む。）が地方自治法の規定によりした免除（地方自治法施行令第171条の7第1項に規定する無資力要件免除）であって、法附則第2条第1項に規定する被災者生活再建支援法の施行前に生じた災害に係る償還免除規定に該当する場合は、法附則第2条の規定による免除とみなす」こととされていることに留意すること。

＊ 上記「①所得基準」について

・所得基準を定めるものであり、64歳（神戸市における未償還平均年齢（平成26年度））の生活保護扶助費を参考に設定したものである。
「総所得－公租公課＜150万円」としたのは、生活保護においても、医療扶助、介護扶助、教育扶助や障害者加算等がされていること、市町村における免除作業の効率性を考慮し、所得・年金控除後の所得ベースの金額としたものである。
さらに、総所得の金額から公租公課を除いた金額としたのは、生活保護扶助費に公租公課が課されていないことを考慮したものである。
なお、総所得は、世帯収入ではなく、災害援護資金の貸付けを受けた者個人の所得であることに留意すること。

・施行令第4条においては、所得の算定は、当該被害を受けた年の前年の所得（当該被害を1月から5月までの間に受けた場合にあっては、前前年の所得）について行うものとし、その額は、その所得が生じた年の翌年の4月1日の属する年度分の地方税法（昭和25年法律第226号）第5条第2項第1号に掲げる市町村民税（特別区が同法第1条第2項の規定によって課する同法第5条第2項第1号に掲げる税を含む。）に係る同法第313条第1項に規定する総所得金額、退職所得金額及び山林所得金額、同法附則第33条の3第5項に規定する土地等に係る事業所得等の金額、同法附則第34条第4項に規定する長期譲渡所得の金額、同法附則第35条第5項に規定する短期譲渡所得の金額、同法附則第35条の4第4項に規定する先物取引に係る雑所得等の金額、外国居住者等の所得に対する相互主義による所得税等の非課税等に関する法律（昭和37年法律第144号）第8条第2項（同法第12条第5項及び第16条第2項において準用する場合を含む。）に規定する特例適用利子等の額、同法第8条第4項（同法第12条第6項及び第16条第3項において準用する場合を含む。）に規定する特例適用配当等の額、租税条約等の実施に伴う所得税法、法人税法及び地方税法の特例等に関する法律（昭和44年法律第46号）第３条の２の２第10項に規定する条約適用利子等の額並びに同条第12項に規定する条約適用配当等の額の合計額とされていることに留意すること。

・「租税その他の公課の金額」とは、所得税、住民税、固定資産税、社会保険料をいうものであることに留意すること。

＊ 上記「② 資産基準」について

・「償還に充てることができる居住の用に供する土地及び建物以外の資産」とは、「その処分により日常生活の維持に著しく支障を生じるものではない資産」であり、かつ、「処分価値が利用価値に比して著しく大きいと認められるもの」をいう。「その処分により日常生活の維持に著しく支障を生じるものではない資産」とは、基本的に利用価値が小さいものとみなされるため、売却が可能であれば、「償還に充てることができる居住の用に供する土地及び建物以外」の実物資産に該当するが、売却が著しく困難な資産については、この限りではない。

（具体例） その処分により、日常生活の維持に著しく支障を生じるものではない別荘等は、「償還に充てることができる居住の用に供する土地及び建物以外」の実物資産に該当するが、売却が著しく困難な土地等の資産は該当しない。

また、「処分価値が利用価値に比して著しく大きいと認められるもの」とは、基本的に他のものと代替が可能であり、処分により日常生活の維持に著しく支障を生じるものではないとみなされるが、就業等において真に必要であり、かつ、代替性のない場合においては、この限りではない。

（具体例） 処分価値が利用価値に比して著しく大きいと認められる高額な車等は、「償還に充てることができる居住の用に供する土地及び建物以外」の実物資産に該当するが、そのものを所有し続けることでしか収入を得られないような場合であれば該当しない。

・居住の用に供する土地及び建物については、法附則第２条の免除措置が、被災者生活再建支援法の制定有無の状況を踏まえて規定されたものである

ことから、災害援護資金の貸付けを受けた者の生活再建の観点を重視して、特に資産価値が高いと認められるものを除き、資産基準に含めないこととする。

他方、特に資産価値が高いと考えられるタワーマンション等、容易に換金可能な資産を有している場合は、免除が認められないことに留意すること。

・「預貯金の金額（生活費の入金等を控除した金額をいう。）」を20万円以下としたのは、破産者が生活維持のため最大限保有できる預貯金額が、兵庫県で運用されている裁判所の例が20万円以下であることを考慮したものである。

また、「預貯金の金額（生活費の入金等を控除した金額をいう。）」には、有価証券等も含まれ、いわゆる仮想通貨も含まれるものである。

・「預貯金の金額（生活費の入金等を控除した金額をいう。）」とは、一時的な生活費の入金等、フローとみなすことができる金額を控除した金額をいう。

＊ 免除基準の確認方法について

・ 災害援護資金の貸付けを受けた者からの申告によることとし、課税証明書、固定資産評価証明書、預金通帳等の写し（必要に応じて、用途についての申立書）等を求め、当該書面等に基づき、市町村が客観的に判断すること。

・ 既免除者や転居者等で確認の協力を得られない場合、所得基準及び資産基準（実物資産、預貯金等）の確認方法に関しては、上記との整合性を踏まえつつ、借受人の生活実態等を把握している市町村の判断に委ねることとする。

２）第２項及び第３項関係

市町村が第１項の規定により災害援護資金の償還を免除したときは、都道府県及び国の原資貸付金を免除することを規定したものである。（指定都市が免除したときは、国の原資貸付金を免除）

12　法附則第３条（平成31年４月１日前に生じた災害に係る災害援護資金の保証債権に関する特例）関係

（１）趣旨

災害弔慰金の支給等に関する法律施行令の一部を改正する政令（平成31

年政令第16号）により、平成31年４月１日以降に生じた災害については、災害援護資金の貸付けに際しての保証人必須という要件を撤廃し、保証人の要否は市町村に委ねられたところである。

このことを踏まえ、平成31年４月１日前に生じた災害については保証人必須であったことに鑑み、平成31年４月１日前に生じた災害に係る災害援護資金の保証債権に関する特例を定めるものである。

具体的には、平成31年４月１日前に生じた災害に係る災害援護資金の貸付けを受けた者の保証人に対して有する権利について、市町村が、当該災害援護資金の償還期間の終期から10年を経過した後に地方自治法の規定により議会の議決を経て当該権利を放棄することができることを明記するとともに、市町村が当該権利を放棄したときは、当該保証人の保証を受けた者であって償還免除令で定める事由に該当する場合には、災害援護資金の償還未済額に相当する額の都道府県及び国の原資貸付金を免除することとしたものである。

（２）規定の内容

１）第１項関係

平成31年４月１日前に生じた災害に係る災害援護資金の貸付けを受けた者の保証人に対して有する権利について、市町村が、当該災害援護資金の償還期間の終期から10年を経過した後に地方自治法の規定により議会の議決を経て当該権利を放棄できることを明記するとともに、当該保証人の保証を受けた者であって償還免除令第２条で定める事由に該当する場合には、災害援護資金の償還未済額に相当する額の都道府県の原資貸付金を免除するものである。

償還免除令第２条の事由は、内閣総理大臣及び都道府県知事が次のいずれにも該当すると認めた場合である。（指定都市にあっては都道府県知事の認めは不要である。）

①　平成31年４月１日前に生じた災害に係る災害援護資金の貸付けを受けた者の保証人に対して有する権利（以下「保証債権」という。）の放棄の際において、当該保証人が災害援護資金の貸付けを受けた者に代わり当該災害援護資金を継続的にかつ現に償還しており、かつ、当該償還が完了していないこと。

②　災害援護資金の貸付けを受けた者が法第14条第１項及び附則第２条

第1項に規定する償還を免除することができる場合に該当しないこと。

なお、改正災害弔慰金法附則第4条により、「改正災害弔慰金法の施行前に市町村（指定都市及び特別区を含む。）が平成31年4月1日前に生じた災害に係る災害援護資金の貸付けを受けた者の保証人に対して有する権利について、当該災害援護資金の償還期間の終期から10年を経過した後に地方自治法の規定により議会の議決を経て当該権利を放棄したときにも適用する」こととされていることに留意すること。

＊ 上記①について

・「当該保証人が災害援護資金の貸付けを受けた者に代わり当該災害援護資金を継続的にかつ現に償還」とは、市町村が議会の議決により保証債権を放棄した際において、当該保証人が災害援護資金の貸付けを受けた者に代わり、当該災害援護資金を「継続的かつ長期」にわたり償還している状況を念頭に置いている。

したがって、市町村が保証債権を放棄する直前に保証人に償還を求めた場合や、継続的かつ長期にわたって償還したとは認められない場合（例えば、意図的に1回だけ保証人に少額償還をさせた場合）等は、免除の事由に該当しないことに留意すること。

・ 内閣総理大臣の承認に当たっての基準は、以下の全てを充たす場合とする。

1. 対象となる災害援護資金の貸付けを受けた者は、行方不明者又は徴収困難者（正当な理由なく償還を拒否し又は不当に償還を遅延させる者、矯正施設に収容されている者を除く。）に限る。
2. 市町村が、対象となる災害援護資金の貸付けを受けた者に係る災害援護資金の償還未済額に相当する額を免除又は放棄すること。
3. 市町村において、法第16条に基づく報告等の権限を行使し、最低でも年1回は行方不明や徴収困難の借受人の現況調査を実施していること。（改正災害弔慰金法施行前にあっては、何らかの方法により最低でも年1回は行方不明や徴収困難の借受人の現況調査を実施してきた実績があること。）
4. 災害援護資金の保証人が、次のいずれかの免除要件に該当する場合であること。

イ　被災者生活再建支援法の施行前に生じた災害の場合、地方自治法施

行令第171条の7第1項又は法附則第2条第1項の免除要件

ロ　被災者生活再建支援法の施行後に生じた災害の場合、地方自治法施行令第171条の7第1項の免除要件

2）第2項関係

都道府県が第1項の規定により原資貸付金を免除したときは、国の原資貸付金を免除することを規定したものである。

3）第3項関係

平成31年4月1日前に生じた災害に係る災害援護資金の貸付けを受けた者の保証人に対して有する権利について、指定都市が、当該災害援護資金の償還期間の終期から10年を経過した後に地方自治法の規定により議会の議決を経て当該権利を放棄できることを明記するとともに、当該保証人の保証を受けた者であって償還免除令第2条で定める事由に該当する場合には、災害援護資金の償還未済額に相当する額の国の原資貸付金を免除することを規定したものである。

なお、「当該保証人が災害援護資金の貸付けを受けた者に代わり当該災害援護資金を継続的にかつ現に償還」の考え方及び内閣総理大臣の承認に当たっての基準は、市町村と同様、「＊上記①について」に基づくものとする。

13　法附則第4条（財務大臣との協議）関係

（1）趣旨

内閣総理大臣は、法附則第2条第1項又は附則第3条第1項の償還免除令を定めようとするときは、財務大臣に協議することとしたものである。

（2）規定の内容

内閣総理大臣が償還免除令を規定する場合、財務大臣に協議することとしているものである。

なお、改正災害弔慰金法附則第1条ただし書及び附則第2条により、内閣総理大臣は、償還免除令を定めようとするときは、改正災害弔慰金法の施行日前であっても、財務大臣に協議することができるものとしている。

14　災害援護資金の東日本大震災特例関係

（1）趣旨

新たに規定された条文等により、法及び施行令の条文番号が改正されたことに伴い、法及び施行令の条文番号を引用する「東日本大震災に対処するた

めの特別の財政援助及び助成に関する法律(平成23年法律第40号。以下「東日本特財法」という。)」及び「東日本大震災に対処するための特別の財政援助及び助成に関する法律の厚生労働省関係規定の施行等に関する政令（平成23年政令第131号。以下「東日本特財法政令」という。)」の所要の整備を行うものである。

（2）規定の内容

東日本特財法及び東日本特財法政令において引用する法、施行令の条文番号及び「平成32年」を「令和2年」と改正した法技術的な改正であり、規定内容を改正するものではないことに留意すること。

15　その他

（1）改正災害弔慰金法の施行期日は、法附則第1条により、令和元年8月1日とされていること。ただし、準備行為を規定する法附則第2条については、公布の日（令和元年6月7日）から施行されていること。

（2）改正災害弔慰金法の内容を踏まえ、参考1、2「災害弔慰金の支給等に関する条例準則」及び参考3、4「災害弔慰金の支給等に関する条例施行規則準則」を参考に、各市町村において条例及び条例施行規則等についても、遺漏なきよう所要の整備を行うこと。

参考1

災害弔慰金の支給等に関する条例の一部を改正する条例（例）

[1．阪神・淡路大震災の被災市町村の場合]

災害弔慰金の支給等に関する条例（昭和 年条例第 号）の一部を次のように改正する。

第15条第3項を次のように改める。

3　償還金の支払猶予、償還免除、報告等、一時償還及び違約金については、法第13条、第14条第1項、第16条及び附則第2条第1項並びに令第8条、第9条及び第12条の規定によるものとする。

第4章の次に次の1章を加える。

第5章 雑則

（支給審査委員会の設置）

第17条 市〔区・町・村〕に、災害弔慰金及び災害障害見舞金の支給に関する事項を調査審議するため、支給審査委員会を置く。

2　支給審査委員会の委員は、医師、弁護士その他市〔区・町・村〕長が必要と認める者のうちから、市〔区・町・村〕長が任命する。

3　前項に定めるもののほか、支給審査委員会に関し必要な事項は、市〔区・町・村〕長が定める。

附　則

この条例は、令和 年 月 日から施行する。

※ 合議制の機関の名称は各市町村において検討すること。

※「その他市〔区・町・村〕長が必要と認める者」は、例えば、市〔区・町・村〕の職員（担当部長等）、学識経験を有する者、医療ソーシャルワーカー、ソーシャルワーカー等が考えられる。

[2. 阪神・淡路大震災の被災市町村以外の場合]

災害弔慰金の支給等に関する条例（昭和 年条例第 号）の一部を次のように改正する。

第15条第3項を次のように改める。

3 償還金の支払猶予、償還免除、報告等、一時償還及び違約金については、法第13条、第14条第1項及び第16条並びに令第8条、第9条及び第12条の規定によるものとする。

第4章の次に次の1章を加える。

第5章 雑則

（支給審査委員会の設置）

第17条 市〔区・町・村〕に、災害弔慰金及び災害障害見舞金の支給に関する事項を調査審議するため、支給審査委員会を置く。

2　支給審査委員会の委員は、医師、弁護士その他市〔区・町・村〕長が必要と認める者のうちから、市〔区・町・村〕長が任命する。

3　前項に定めるもののほか、支給審査委員会に関し必要な事項は、市〔区・

町・村〕長が定める。

附　則

この条例は、令和 年 月 日から施行する。

※ 合議制の機関の名称は各市町村において検討すること。

※「その他市〔区・町・村〕長が必要と認める者」は、例えば、市〔区・町・村〕の職員（担当部長等）、学識経験を有する者、医療ソーシャルワーカー、ソーシャルワーカー等が考えられる。

参考2　略

参考3

災害弔慰金の支給等に関する条例施行規則の一部を改正する規則（例）

[1. 阪神・淡路大震災の被災市町村の場合]

災害弔慰金の支給等に関する条例施行規則（昭和 年規則第 号）の一部を次のように改正する。

第15条第2項第2号中「若しくは」を「又は」に改め、同項に次の2号を加える。

（3）借受人が破産手続開始の決定又は再生手続開始の決定を受けたことを証する書類

（4）借受人が災害弔慰金の支給等に関する法律の規定に基づく災害援護資金の償還免除に関する内閣府令（令和元年内閣府令第22号）第1条に規定する基準に該当することを証する書類

附 則

この条例は、令和 年 月 日から施行する。

※本制度は、市町村の条例の定めるところにより実施されるものであり、職権猶予、職権免除の実施等に当たっては、条例、条例施行規則の改正等について必要な場合には、適切に対応されたい。(平成18年1月5日付け事務連絡「災害弔慰金の支給等に関する法律施行令の一部を改正する政令の施行にかかる運用について」抜粋)

[2. 阪神・淡路大震災の被災市町村以外の場合]

災害弔慰金の支給等に関する条例施行規則（昭和　年規則第　号）の一部を次のように改正する。

第15条第２項第２号中「若しくは」を「又は」に改め、同項に次の１号を加える。

（３）借受人が破産手続開始の決定又は再生手続開始の決定を受けたことを証する書類

附　則

この条例は、令和　年　月　日から施行する。

※本制度は、市町村の条例の定めるところにより実施されるものであり、職権猶予、職権免除の実施等に当たっては、条例、条例施行規則の改正等について必要な場合には、適切に対応されたい。（平成18年１月５日付け事務連絡「災害弔慰金の支給等に関する法律施行令の一部を改正する政令の施行にかかる運用について」抜粋）

参考４～９　略

○災害弔慰金の支給等に関する法律第16条に規定する調査権限について

［令和元年7月19日府政防第255号各都道府県・指定都市災害援護資金担当部局長あて　内閣府政策統括官（防災担当）付参事官（被災者行政担当）通知］

災害弔慰金の支給等に関する法律の一部を改正する法律（令和元年法律第27号）により、災害弔慰金の支給等に関する法律（昭和48年法律第82号。以下「災害弔慰金法」という。）第16条に市町村の調査権限が新たに規定されたところである。

これは、市町村が、償還金の支払猶予や償還免除をするか否かを判断するに当たり、災害援護資金の貸付けを受けた者又はその保証人の収入又は資産の状況を把握できるようにすることで、その者の資力状況に応じた適切な対応を可能とするものであるが、その取扱いについては、下記のとおりであるので、御了知の上、都道府県におかれては市町村等関係者への周知を図るとともに、その運用に当たってよろしく御配慮願いたい。

なお、本通知は、地方自治法（昭和22年法律第67号）第245条の4（技術的な助言）の規定に基づくものである旨申し添える。

記

1　災害弔慰金法第16条の調査権限の考え方

市町村（指定都市を含む。）は、法第13条第1項に規定する償還金の支払猶予、又は法第14条第1項及び法附則第2条第1項に規定する償還免除をするか否かを判断するために必要があると認めるときは、災害援護資金の貸付けを受けた者又はその保証人の収入又は資産の状況について、災害援護資金の貸付けを受けた者若しくはその保証人に報告を求め、又は官公署に対し必要な文書の閲覧若しくは資料の提供を求めることができるとするものであり、これにより、償還金の支払猶予や償還免除をするか否かを市町村が判断する際、真に資力がないかどうか等を確認でき、客観的な判断を下すことを可能とするものである。

法第16条の規定により、災害援護資金の貸付けを受けた者が報告を求められて、正当な理由がなく報告をせずに、又は虚偽の報告をしたときは、市町村は法第13条に規定する償還金の支払猶予、又は法第14条及び法附則第2条に規定する償還免除をしないことができることとなることから、実質的に借受人に対して報告義務を課していると解されるものである。

また、官公署に対し必要な文書の閲覧若しくは資料の提供を求める対象となる情報等としては、生活保護や年金受給情報などが挙げられ、併せて、地方税情報についても求めることができるものである（地方税情報の活用に係る留意点等について別途、総務省からも通知されているので、併せて確認願いたい）。

なお、地方税情報を求める場合であっても、申請に基づく事務であり、既にその提供に係る「本人同意」がある場合は、法第16条の調査権限の行使に関わらず、他の市町村が保有するものを含め、地方税情報の閲覧等は可能であると考えられることから、災害援護資金の貸付時、または支払猶予・免除申請時において、借受人及び保証人の「本人同意」を申請書等において取り付けるようにすることが望ましいものである。

このため、災害弔慰金法第16条の調査権限が行使される場面としては、借受人が行方不明・徴収困難等の状況により「本人同意」がとれない場合を念頭しているものである。

２　その他

既に阪神・淡路大震災時の災害援護資金については、貸出から20年以上経過し、関係市町村においては地方自治法施行令（昭和22年政令第16号）第171条の７第１項に基づき償還免除をしているところであるが、償還免除をした借受人とは債権債務関係が存在しないことから、災害弔慰金法第16条による調査権限の行使はできないものである。

ただし、この場合であっても、例えば、災害援護資金担当課が既償還免除者のリストを作成し、地方税担当課に提供した上で、地方税担当課において、

「〇〇万円以下の所得の者は〇〇人（又は〇〇％）」であることを確認し、

その結果を災害援護資金担当課に提供する、といった実務上の工夫を妨げるものではない。

参考

総税企第39号
令和元年7月19日

各道府県総務部長
東京都総務局長　　　　殿
東京都主税局長

総務省自治税務局企画課長

災害援護資金の償還金の支払猶予等における税務情報の活用について

災害援護資金の貸付け等について規定している災害弔慰金の支給等に関する法律（昭和48年法律第82号。以下「災害弔慰金法」という。）について、災害援護資金の貸付けを受けた者が置かれている状況等に鑑み、償還金の支払猶予、償還免除の対象範囲の拡大、償還免除の特例等を定めるための災害弔慰金の支給等に関する法律の一部を改正する法律（令和元年法律第27号。以下「災害弔慰金法改正法」という。）が令和元年6月7日に公布され、同年8月1日から施行されます。

災害弔慰金法改正法の施行に伴い、一定の場合に、市町村において償還金の支払猶予や被災者生活再建支援法制定以前の災害についての償還免除等ができるようになるとともに、これらの判断のため、市町村は、借受人等の収入又は資産の状況について、借受人等に対し報告を求め、又は官公署に対し必要な文書の閲覧若しくは資料の提供を求めることができることとなります。

償還金の支払猶予や被災者生活再建支援法制定以前の災害についての償還免除については、所得要件等が設けられており、災害援護資金の支払猶予・免除申請時に当該要件に該当するか否かを判定する必要があります。この判定のため、地方税の賦課徴収に関する情報（以下「税務情報」という。）を活用することについて本人の同意が得られていることを前提に、災害援護資金担当部局に対し当該情報を提供することが考えられます。この場合、当該事務は申請に基づく事務であり税務情報の活用について本人の同意があることから、当該情報は、地方税法（昭和25年法律第226号。以下「地方税法」という。）第22条の秘密に当たらないと解されるところです。

また、災害弔慰金法改正法により、市町村は、借受人等の収入又は資産の状況について、借受人等に対し報告を求め、又は官公署に対し必要な文書の閲覧若しくは資料の提供を求めることができることとされ（災害弔慰金法第16条）、借受人が報告を求められて、正当な理由がなく報告をせず、又は虚偽の報告をしたときは、市町村は償還金の支払猶予や被災者生活再建支援法制定以前の災害についての償還免除をしないことができることとなることから（災害弔慰金法第13条第1項及び附則第2条第1項）、実質的に借受人に対して報告義務を課していると解されるため、当該者に係る税務情報を償還金の支払猶予や被災者生活再建支援法制定以前の災害についての償還免除を判定する目的のために税務情報を提供したとしても、当該情報は、地方税法第22条の秘密に当たらないと解されるところです。

本件における税務情報の活用については、内閣府からも、別添のとおり通知されています。各地方団体の税務部局におかれましては、この通知を踏まえ、災害援護資金担当部局からの当該情報の提供に係る依頼について、適切に対応いただきますようお願い致します。

また、貴都道府県内の市区町村に対しても、この旨をご連絡いただきますようお願い致します。

なお、本通知は、地方自治法（昭和22年法律第67号）第245条の4（技術的な助言）に基づくものです。

おわりに

平成７年に阪神・淡路大震災が発生してから25年が経過し、今回の議員立法によりようやく災害援護資金の問題が終息を見据えて歩み始めた。

政府は、令和２年４月に災害援護資金に関する国への償還期限を３年間延長した。この延長は５度目の延長であるが、この３年間は、今回の議員立法に基づき免除の手続を行うための期間となる。そして３年後の令和５年には、地方自治体は、残された償還債務を履行することで、阪神・淡路大震災に関する災害援護資金問題は終局することになる。災害援護資金の問題は、国と地方自治体の債権管理全体にも影響を及ぼしかねない課題であったことが、解決まで長い期間を要したひとつの要因だと考えている。同時に、長きにわたりこの災害援護資金の問題に取り組んでこられた被災自治体をはじめとする関係者のみなさま方の熱心な取り組みと切実な思いがあったからこそ、この問題は解決まで辿り着いたと確信している。また、未だ復興の途上にある被災自治体においても大いに学ぶべきところがあると感じている。

平成23年の東日本大震災をはじめ、近年では平成28年の熊本地震、平成30年７月豪雨、そして、昨年の房総半島台風と東日本台風といったように、大規模災害は残念ながら毎年のように発生し、その多様化や広域化も進んでいる。

こういった状況に鑑み、政府では、大規模災害が発生するたび、災害対応に関する検証を実施している。昨年発生した房総半島台風と東日本台風に関する検証では、長期停電や通信障害の復旧プロセス、国・地方自治体の初動対応、高齢者等の避難の実効性の確保等について検証が行われた。災害のたびに、日本の災害対応はその対応力を向上させてきているといえる。

政府による取り組みの他にも、災害援護資金制度を含む被災者支援制度など立法が必要な対応についても、国会において、見直しと拡充が行われてきた。この被災者生活支援金や災害救助法に基づく応急救助制度は、被災者や地方自治体の意見を踏まえつつ、今後も不断の見直しがされていくことになる。

さらに今後は、わが国に壊滅的な打撃を与えかねない南海トラフ大地震や日本海溝・千島海溝沿い地震、富士山の大規模噴火などの巨大災害に関する備えを加速化させることが重要である。これらの大規模災害がいったん発生した場合には、多数の死傷者が発生するだけではなく、その復興に関する取り組みも、多大なエネルギーの投入が必要となることは、これまでの経験からも明白であり、単に災害が発生した後に、迅速効率的な復旧復興を目指すだけでなく、平時からの災害対策の強化と、復旧復興に関する事前の取り組みがますます重要になる。

すなわち、平時における災害対策としては、国土強靭化をはじめとするハード事業の促進と、各地区に策定が期待されている地区防災計画の策定促進などのソフト事業の両輪での取り組みが求められる。また、今までの復旧復興作業により蓄積されたノウハウを活かし、発災前からの丹念な備えがより重要となる。各自治体に策定される災害廃棄物処理計画の策定等が典型であるが、今後は、地震や津波等、一定の災害の発生を前提として、復旧段階、そして復興・まちづくり段階に関する大まかなグランドデザインや考え方を、発災前に各自治体が策定することなども求められていくのである。

特に、東日本大震災から10年が経過するに当たり、復興庁の設置期限を10年延長することなどを内容とした、復興庁設置法等の一部改正が今国会（第201回通常国会）で成立し、本年6月12日に公布された。本改正においては、復興庁の存続と同時に、新たな役割として、復興に係るノウハウの共有活用が明記されることとなった。東日本大震災における復興の取り組みは先例的な価値を有するものも多く、これらの知見は様々な場面で役立てていくことが必要である。

また、大きな課題となっている新型コロナウイルス感染症は、わが国に対して、防災に留まらない、広い意味での危機管理対応の必要性を突き付けている。感染拡大予防に最大限配慮しつつ、高度に情報通信技術が発展した現代社会においては、危機発生時における効率的な対策の必要性と、個人のプライバシーをはじめとした人権保護の重要性という、ある意味二律背反した要請の中で、バランスをとっていくことが求められる。

過去の災害対応の経験を活かし、山積する課題に向き合いつつ、引き続き各種取り組みを進め、わが国を様々な災害に対応できる「災害に強い国」としていくことが、阪神・淡路大震災をはじめとした数々の災害において被害を受けられた方々の苦難を未来に活かすことになると信じている。

今回の災害援護資金に係る阪神・淡路大震災から議員立法までの一連の過程が、被災者支援のあり方として、将来に向けた災害対策の一助になることを切に願うところである。

令和２年６月

藤原　崇

著者プロフィール
藤原　崇（ふじわら・たかし）

衆議院議員：自由民主党、内閣府大臣政務官、復興大臣政務官

明治学院大学法科大学院修了後、弁護士（新63期）、参議院議員公設第一秘書等を務める。平成24年12月より衆議院議員。法務委員会理事、東日本大震災復興特別委員会理事等を歴任。

災害援護資金の貸付制度とその立法的解決
－阪神・淡路大震災から24年目の復興支援－

2020年7月30日　初版発行

著　者　藤　原　　崇
発行者　田　中　英　弥
発行所　第一法規株式会社
〒107-8560　東京都港区南青山2-11-17
ホームページ　https://www.daiichihoki.co.jp/

災害援護資金　ISBN978-4-474-07287-9 C2036（6）

編集協力　（有）七七舎／装丁　石原雅彦